华文水平测试丛书

华文水平测试语法大纲

暨南大学华文学院
暨南大学华文考试院 编

商务印书馆
The Commercial Press

华文水平测试丛书

顾问委员会

主任委员　　郭　熙

国内委员　　（按音序排列）

刁晏斌　　郭树军　　鹿士义　　彭恒利　　齐沪扬

苏新春　　王　晖　　王佶旻　　张　博　　张金桥

张　军　　张　凯　　张一清　　郑海燕　　周小兵

海外委员　　（按音序排列）

陈荣基（美国）　　陈秀姐（日本）　　陈友明（印度尼西亚）

侯艳妹（日本）　　黄端铭（菲律宾）　　黄　英（西班牙）

黄愿字（印度尼西亚）　李复新（澳大利亚）　李佩燕（荷兰）

李雪梅（意大利）　　梁　冰（泰国）　　廖秀琴（英国）

林　立（日本）　　刘　申（美国）　　刘统厚（菲律宾）

刘　芸（西班牙）　　罗宗正（泰国）　　倪小鹏（美国）

潘丽丽（西班牙）　　孙浩良（澳大利亚）　吴桂秋（巴西）

伍善雄（英国）　　夏　铭（美国）　　邢　彬（美国）

许　易（澳大利亚）　杨　林（日本）　　张述洲（日本）

张岩松（日本）　　郑洁珊（印度尼西亚）　周开雱（德国）

编辑委员会

总 主 编　　邵　宜　　王汉卫

编　　委　　（按音序排列）

付佩宣　　华平娟　　刘　骏　　马新钦　　浦丹清

邵　宜　　王大壮　　王汉卫　　王　洁　　徐加义

本册作者　　王　洁

总序

全球中文教育大体上有三种性质。一是国内的语文教育，主要对象是国内汉语民族群，通常称为母语教育，通过学习体现国家通用语言文字要求的综合课程语文课来实现；非汉语民族群和华侨子女的国家通用语言文字教育则另有路径，这里暂且不论。二是外语教育，对象是外国人，包括国内通常所说的对外汉语教学和分布在国际上的中文教学。三是祖语教育，对象是海外华人子女，是一种民族语言文化传承教育，通常称为华文教育。

中国现代语文教育有很长的历史，已经形成了自己的教材、课程和教学体系。语文教育有自己的考试传统，多采用书面考试方式，内容包括语文基础知识和作文。随着普通话的普及，有关方面展开了普通话水平提升计划，适时推出了普通话水平测试，主要是测试口头水平。

中文作为外语的教学在新中国成立不久就开始了，20世纪70年代起有了较大的发展。改革开放后，来华学习中文和其他专业的留学生越来越多。一种新型的中文教育学科，即对外汉语教学应运而生。这个名称本身，展示了跟国内语文教育的不同。经过多年努力，对外汉语教学形成了自己的教材、课程和教学理论体系；同时，中文作为第二语言的考试体系也从无到有，不断发展，广受世界关注的汉语水平考试（HSK）已经成为外国人到中国大学进行专业学习的入门证。

不过，问题很快也就来了。一批中文并非二语者的海外华人到中国读书也须拿 HSK 这个入门证。我的一位马来西亚朋友，常年为华文报纸撰稿的专栏作者，到中国读研究生，也参加了 HSK。结果，用他的话说是看到考卷"啼笑皆非"。有这种遭遇的不是个案，但那个时候，好像也没有别的办法，因为还没有相应的措施来检测这第三种中文教育，即中文作为祖语教育的学习者的中文水平。

有必要说说这批中文使用者的来历。中文作为祖语的教育由来已久。早期的海外中文教育实际上是一种母语教育，它经历了方言教学的私塾、新式学堂到现代学校的中国国语教育等阶段。当时，配合这种中文教育的考试自然是传统的语文考试；作为侨民，他们还会回国参加相关考试。20世纪50年代开始，海外华人社会的侨民教育因为新中国不承认双重国籍而终止，转为华人的民族语言文化教育，中文本身也就成了我们所说的祖语。这样，无论是理论上还是实践上，它都跟国内的语文教育有了很大的不同；而作为外国人，他们的中文学习也不是一般意义上的外国语学习，用 HSK 来测试，自然很成问题。

何有此说？还得回到 HSK 本身。HSK 设定的测试对象，包括一般外国人、海外华人和中国境内少数民族。少数民族当然不同于外国人，所以民族汉考（MHK）很早就已经发展成为独立的考试。海外华人也不同于一般的外国人。例如，据相关资料，国内中文母语者学龄前的词汇量一般在 4 000 左右，而祖语保持较好的海外华人社区，如新加坡、马来西亚，学龄前的常用口语词也可达 2 000 以上，况且有不少的海外新移民是从国内出去的，有的家庭用语就是普通话或汉语方言，用 HSK 来测试他们的中文水平显然没有道理。

另一方面，各种考试都有"指挥棒"的作用，HSK也不例外。在只有HSK的时代，海外中文教学中常常也只能用它来作为教学质量检测的依据，但这就影响到海外华文教学，包括教材编写、练习设计等。例如，一些针对海外华裔的华文教材就被要求用HSK大纲规定的词表等级、汉字等级来编写，这些无疑对海外中华语言文化传承教育带来了负面影响。

就我所知，最早意识到这些问题并提出质疑的学者来自暨南大学华文学院。该学院长期以来华海外华侨华人子女为主要教学对象，也担负着大量海外华文教学、师资培训和教材编写等任务。长期的一线教学实践和研究使他们对海外华语及其传承中的一系列问题有比较深入的认识，对缺乏针对海外华裔青少年的适用考试带来的问题有更深切的感受。他们深知华文水平测试（简称"华测"）研究的重要性，不断地呼吁，并积极进行理论研究和操作探索。10多年来，他们在有关方面的支持下，全力以赴，克服重重困难，在华文水平测试的理论探索、方案设计、试卷编写和实地测试等方面开展了一系列工作，取得了丰硕的成果，受到了海外华文教育界的广泛好评。他们以引导海外华人社会的华文能力保持为追求，采取标准加常模的设计，以华文能力标准为依据，研制了汉字、词汇、语法、文化等大纲，为不同年龄段设计了阅读、写作各六个等级，口语三个等级的考试框架，听力在华测中不作为一个独立的测试品种，而作为基础的、背景意义上的能力。窥豹一斑，华测的不同、华测的"华"字性质呼之欲出。现在摆在我们面前的"华文水平测试丛书"，就是他们辛勤探索过程的记录和重要成果。

丛书由《华文水平测试考试手册》《华文水平测试样卷》《华文水平测试汉字大纲》《华文水平测试词汇大纲》《华文水平测试语法大纲》《华文水平测试文化大纲》《华文水平测试概论》七个部分组成，展示了海外华文水平测试体系，有理论、有方法、有实践案例，基本实现了华文水平测试目前研究领域的全覆盖。这是今后相关测试和进一步展开研究的重要基础，是开展海外华语传承、建构中华民族共同体的重要参考。

丛书体现了不少新的理念，有鲜明的特色，具有很强的科学性、实用性和可操作性。在语言测试技术方面我完全是外行，按照鉴定专家的说法，华测以较大样本的试验结果表明，该测试系统难度适中，区分度强，信度效度符合标准化考试的要求。真诚地希望有更多的人和相关部门支持和关注华文水平测试，使之早日成为全世界华裔华文水平的统一标准、海外华人母语文自我评价的语言依据、监测海外华人社会母语言现状及变迁的依据，也可以作为通用华文教材的编写参考等。

作为推动华文水平测试研究的吹鼓手，我经历了其中的一些过程，对这个团队的精神由衷地佩服和赞赏，乐意支持和推荐这套丛书在商务印书馆出版。丛书主编希望我能在这套著作出版的时候写几句话，于是就有了上面的文字，也算是我对华文水平测试的进一步鼓吹。

是为序。

郭熙

2022年8月25日于北京

目 录

《华文水平测试语法大纲》研制报告 ……………………………… 1

华文水平测试语法大纲 ……………………………… 15

语法条目列表一（按语法体系）……………………………… 17

    1. 短语 ……………………………… 17

    2. 句法成分 ……………………………… 19

    3. 特殊句式 ……………………………… 25

    4. 句类 ……………………………… 33

    5. 复句 ……………………………… 35

    6. 散点 ……………………………… 40

    7. 语段 ……………………………… 45

语法条目列表二（按等级）……………………………… 48

    一级语法条目（59）……………………………… 48

    二级语法条目（57）……………………………… 55

    三级语法条目（83）……………………………… 61

    四级语法条目（51）……………………………… 72

《华文水平测试语法大纲》研制报告

华文水平测试（简称"华测"）是以海外华裔青少年为测试对象的华语文能力标准化考试。华测的配套大纲有：汉字大纲、词汇大纲、语法大纲、文化大纲。

大纲研制的主要环节是条目收录、条目定级。本部分介绍语法大纲的研制。

1. 顶级类设定

语法是一个层级分类体系，层级体系的两端是顶级类和末级类。顶级类对应语法的几大组成部分，末级类对应最终的语法条目。层级体系中的每个类别都概括一类语言现象，只是粗细程度不同。语法大纲的研制首先要确定顶级类。

1.1 现有大纲的顶级类

我们参考学界已有的 8 部语法大纲，各大纲顶级类集中呈现于表 1。

表 1　各大纲顶级类

大纲	顶级类[①]
a.《对外汉语教学语法大纲》	汉字、音节、词，词类，词组，句子成分，句子
b.《对外汉语教学初级阶段教学大纲（一）》语法大纲	词，语素，词的组成方式，词类，汉语的词组，汉语的句子，汉语的四种谓语句，汉语的四种功能句，汉语的复句
c.《高等学校外国留学生汉语言专业教学大纲》附件（二）语法项目表	词类，短语，句子成分，句子，几种特殊的句式，动词的态，合成词的构成及其语素义，词语的联系与扩展，复句，语段，省略，强调的方法，语素，倒装句，紧缩句，固定格式
d.《汉语水平等级标准与语法等级大纲》	词类，词组，句子成分，句子的分类，几种特殊句型，提问的方法，数的表示法，强调的方法，动作的态，复句，固定词组，固定格式，语素，反问句，口语格式，词的构成，多重复句，句群
e.《国际汉语教学通用课程大纲》（修订版）常用汉语语法分级表	实词，虚词，句子成分、句型和句类，复句
f.《新汉语水平考试大纲》语法	代词，数词，量词，副词，连词，介词，助动词，助词，叹词，动词的重叠，陈述句，疑问句，祈使句，感叹句，特殊句型，动作的状态
g.《HSK 考试大纲》语言点大纲	名词，动词，代词，形容词，数量词，副词，介词，连词，助词，叹词，句型，特殊句型，句类，补语，复句，固定格式
h.《国际中文教育中文水平等级标准》第三分册：语法	词类，短语，固定格式，句子成分，句子的类型，动作的态，特殊表达法，强调的方法，提问的方法，口语格式，语素，句群

[①] 大纲 c、d、e、f、g、h 都分级别给出了顶级类，如大纲 c 为 "一年级语法项目表（词类，短语，句子成分，句子，几种特殊的句式，动词的态）；二年级语法项目表（合成词的构成及其语素义，词语的联系与扩展，词类，短语，句子成分，几种特殊的句式，复句，语段，省略，强调的方法）；三四年级语法项目表（语素，词类，短语，句子成分，几种特殊的句式，倒装句，复句，紧缩句，固定格式，语段）"，在此呈现的是所有级别顶级类的并集。

1.2 现有大纲梳理

1.2.1 类别名称的同一性认定

比较各大纲发现，对同一类别的称说存在不一致的情况，因此先对顶级类的名称进行同一性认定并统一名称。见表2。

表2 顶级类统一名称

统一后的名称	统一前各大纲所用名称
特殊句式	几种特殊的句式（大纲c），几种特殊句型（大纲d），特殊句型（大纲f、大纲g）
句类	汉语的四种功能句（大纲b），句类（大纲g）
句子	句子（大纲a、大纲c），汉语的句子（大纲b），句子的分类（大纲d），句子的类型（大纲h）
动作的态	动词的态（大纲c），动作的态（大纲d、大纲h），动作的状态（大纲f）
短语	词组（大纲a、大纲d），汉语的词组（大纲b），短语（大纲c、大纲h）
复句	汉语的复句（大纲b），复句（大纲c、大纲d、大纲e、大纲g）
词的构成	词的组成方式（大纲b），合成词的构成及其语素义（大纲c），词的构成（大纲d）
主谓句	汉语的四种谓语句（大纲b），句型（大纲g）
数的表达	数的表示法（大纲d），特殊表达法（大纲h）
语段	语段（大纲c），句群（大纲d、大纲h）

1.2.2 类别的拆分

不同大纲对语法层级的设置不同，甲大纲的顶级类可能与乙大纲的顶级类形成上下位关系，梳理时需要做一定的拆分、合并。先看拆分的情况。

（1）个别大纲的顶级类是几个类的罗列，拆分后便于进一步梳理。大纲a的"汉字、音节、词"拆分为"汉字""音节""词"。大纲e的"句子成分、句型和句类"拆分为"句子成分""句型""句类"。

（2）"句子"的情况比较复杂，不适合作为顶级类，需要拆分。句子可按不同角度分类，常见的提法有：句型、句类、句式。张斌主编（2010）指出，句型是句子的结构类型，句类是句子的语气类别，句式是句子的特征类别。

句型体系，一般先分为单句和复句，单句又分为主谓句和非主谓句。

句类体系，一般分为陈述句、疑问句、祈使句、感叹句。

句式一般叫作"特殊句式"，以强调其特殊性。

各大纲中与句子有关的顶级类的分布情况，见表3。

表 3　与句子有关的顶级类的分布情况

作为顶级类出现的类别	大纲分布
句子	大纲 a，大纲 b，大纲 c，大纲 d，大纲 h
复句	大纲 b，大纲 c，大纲 d，大纲 e，大纲 g
主谓句	大纲 b，大纲 g
句类	大纲 b，大纲 g
特殊句式	大纲 c，大纲 d，大纲 f，大纲 g

注：各类别在各大纲中的实际叫法见表2。

经过权衡，我们将"句类""特殊句式"以及句型体系中拆分出来的"主谓句""非主谓句""复句"作为顶级类。

1.2.3 类别的合并

合并的情况，见表4。

表 4　顶级类合并

合并后的顶级类	合并前形成上下位关系的顶级类	
句类	句类（大纲 b，大纲 g）	陈述句、疑问句、祈使句、感叹句（大纲 f） 反问句（大纲 d）
词类	词类（大纲 a，大纲 b，大纲 c，大纲 d，大纲 h）	名词、动词、代词、形容词……（大纲 f，大纲 g） 实词、虚词（大纲 e）
句子成分	句子成分（大纲 a，大纲 c，大纲 d，大纲 h）	补语（大纲 g）
复句	复句（大纲 b，大纲 c，大纲 d，大纲 e，大纲 g）	多重复句（大纲 d）

1.2.4 各大纲顶级类取并集

经过必要的统一名称、拆分、合并处理后，对各大纲出现的顶级类取并集：

｛汉字、音节、词类、词的构成、词语的联系与扩展、词、语素、固定词组、特殊句式、复句、句类、语段、短语、句子成分、主谓句、非主谓句、动作的态、倒装句、紧缩句、固定格式、数的表达、动词的重叠、口语格式、强调的方法、省略、提问的方法｝

1.2.5 华测语法大纲的顶级类

对各大纲的顶级类进行取舍，结果见表5。

表 5 顶级类取舍

顶级类	取舍结果及原因
汉字	不收（非语法）
音节	不收（非语法）
词类	不收（显性语法知识）
词的构成	不收（显性语法知识）
词语的联系与扩展	不收（显性语法知识）
词	不收（词典性知识）
语素	不收（词典性知识）
固定词组	不收（词典性知识）
特殊句式	顶级类
复句	顶级类
句类	顶级类
语段	顶级类
短语	顶级类
句子成分	顶级类（合一为"句法成分"）
主谓句	
非主谓句	归入散点
动作的态	归入散点
倒装句	归入散点
紧缩句	归入散点
固定格式	归入散点
数的表达	归入散点
动词的重叠	归入散点
口语格式	归入散点
强调的方法	不作为顶级类（已涵盖）
省略	不作为顶级类（已涵盖）
提问的方法	不作为顶级类（已涵盖）

经过取舍，华测语法大纲包括的顶级类为：短语、句法成分、特殊句式、句类、复句、散点、语段。具体说明如下：

（1）舍弃非语法内容"汉字""音节"。

（2）舍弃显性语法知识"词类""词的构成""词语的联系与扩展"。

（3）区分词典性知识和规则性知识。词典性知识是可以穷举的（或在很大程度上是可以穷举的），"语素""词""固定词组"属此类，直接列表即可，适合词汇大纲收录。规则性知识统摄的对象是无法穷举但有规律可循的，语法的实质即规则，我们保留的顶级类都属此类。

（4）"句子成分""主谓句"合一为"句法成分"。"句子成分"有主语、谓语、定语等，而"主谓句"的下位划分主要是根据谓语的不同进行，因此"主谓句"不再作为顶级类。此外，短语的分类也会涉及内部成分，即主语、谓语、定语等，因此将"句子成分"改称"句法成分"。

（5）"复句""语段"各有侧重。形式上，两者有交叉，"复句"包含两个或多个小句，是一个句号句；"语段"包含两个或多个小句，可以是一个句号句，也可以不止一个句号句。语法条目划分时，两者侧重不同，"复句"关注小句间的逻辑语义关系；"语段"关注小句间的衔接手段。

（6）比较零散的归入"散点"。"非主谓句""动作的态""倒装句""紧缩句""固定格式""数的表达""动词的重叠""口语格式"归入顶级类"散点"。"固定格式""口语格式"数量较多，且呈开放态势，实难尽收。北京大学"现代汉语构式数据库"（http://ccl.pku.edu.cn/ccgd）当前收录构式1 000余条。我们一方面参考该库及各大纲，另一方面基于语料库的统计数据，只收录一些较为常用的格式。

（7）"强调的方法""省略""提问的方法"在其他顶级类中已涵盖，不再作为顶级类。

2. 条目收录

语法层级体系中的顶级类通过梳理现有大纲获得。语法条目是语法体系中的末级类。末级类的获得过程涉及划类、归类、聚类、并类四个环节。有良好形式标记的语法条目，依次经过四个环节获得，其他语法条目经过划类、并类获得。

2.1 划类

划类是指对层级体系中的上位类划分下位类。

确定了顶级类后，划类就是对每个顶级类逐级划分，直到合适的末级类。划类是自顶向下进行的，从顶级类到末级类中间无论跨越几个层级，收入大纲的条目是不再继续下分的末级类。

比如顶级类"特殊句式"的下位类有把字句、被字句、"是……的"句等，每一种句式还可以继续划分小类，以"是……的"句为例，简单说明。我们参照刘月华、潘文娱、故铧（2001）及大纲c、大纲d对"是……的"句的类型划分，初步梳理出18个末级类作为初始条目，见表6。

表6 "是……的"句初始条目

"是……的"句	强调（对比焦点）	时间
		处所
		方式
		条件
		目的
		对象
		工具
		施事
		受事
		原因

续表

		助动词+动词
"是……的"句	表达观点事实	动词+可能补语
		形容词短语
		固定短语
		心理动词
		动词
		形容词
		助动词

2.2 归类

归类是指将具体的语言材料归入相应的末级类中,即对语言材料进行语法条目标注。

归类是基于语料库的,要完成语料归类工作,最理想的做法是选定一个合适的语料库,进行相关标注。这么做的目的有二:一方面可以验证划分出来的语法条目是否合理,另一方面可以为下一步的条目定级提供频率信息。

由于研发时间及人力限制,我们无法开发一个带语法信息标注的语料库,因此,这里的语料归类工作只限于有良好形式标记的语法条目。具体做法是计算机自动标注加人工校对。

特殊句式(个别除外)、复句、句类(一部分)、散点(大部分)所辖条目属于有良好形式标记的语法条目。

归类的工作步骤如下:

首先,利用北京师范大学的"小学生作文语料库"(约1 100万字,分词词性标注版,简称"作文库"),检索包含标记性词语或结构的句子,如把字句就是检索包含介词"把"的句子,"是……的"句就是检索包含"是……的w"(w指标点",;。?!")的句子。

其次,根据语法条目的结构特点(即使是按语义角度的划类结果,也需找到结构上的特点,如强调"时间"的"是……的"句,结构是"是+时间词语+动词短语+的"),总结机读模式(正则表达式),编写计算机程序,对检索出的语料进行自动标注。

再次,人工校对、调整计算机的标注结果。

2.3 聚类

划类是划定类别,归类是将个体归入相应类别。经过一段时间的实践,我们发现语料归类时存在三类麻烦:(1)有的语料找不到合适的类别(语言现象没有被已有的类别覆盖);(2)有的语料可以归入不止一个类别(类别出现交叉);(3)有的类别没有语料可归入(该类现象没有出现)。

针对前两种情况,解决办法是进行聚类。聚类是指将同质的语言材料自然聚为一个类别,而不再囿于之前已经划定的类别。

比如在对"是……的"句语料进行归类时，就出现了上述情况。如"大树是有生命的。""学习是没有止境的。""小老鼠是很有教养的。"等例句就找不到合适的类别，而这些例句可以聚为一个类别，因此为"是……的"句"表达观点事实"类添加一个条目"有/没/没有+名词"。再如"这只小熊是我爸爸在我过生日的时候送给我的。""奶奶家有一只小猫，是上一年冬天从雪地里捡来的。"等例句突出不止一个焦点，可以归入不止一个类，因此为"是……的"句"强调"类添加一个条目"多焦点"。

2.4 并类

划类结果或经过归类、聚类调整后的划类结果，直接作为语法大纲中的条目，还存在一个问题，就是过于细致琐碎。因此还需删除、合并一些类别，即并类。

删除找不到语料（2.3 中第 3 种情况）或包含语料较少的类别。

有些类别定级（见下文 3.2）结果相同，且有相同上位类，酌情合并为一个类作为一个条目。比如"是……的"句中强调"时间""处所""方式""目的""施事"的类别合并为一个条目。

3. 条目定级

3.1 等级体系

华测的总体设计共有六个等级：一级（学龄前）、二级（小学一二年级）、三级（小学三四年级）、四级（小学五六年级）、五级（初中）、六级（高中）。

语法大纲只对应其中的一级、二级、三级、四级。原因如下：

汉字、词汇、语法，有各自的习得特点。

先看汉字、词汇。无论母语者还是非母语者，汉字需要专门学习，词汇既有自然习得的部分，也有专门学习的部分，且因字词数量庞大，整个学习时间跨度较长。汉字方面，《义务教育语文课程标准（2022年版）》（简称《语文课标》）中课程目标第四学段（七—九年级）要求"累计认识常用汉字 3 500 个左右"。国务院 2013 年公布的《通用规范汉字表》共收汉字 8 105 个[①]。也就是说，即使初中毕业，汉字的学习仍未结束。词汇方面，人从开始说话到入学（7 岁）再到成人（18 岁），语言伴随认知发展，认知领域不断扩大，词汇量也不断扩大，因此词汇的学习也一直在持续。华测的汉字大纲、词汇大纲对应于华测的总体设计，分六个等级。

再看语法。语法是遣词造句的规则，数量有限。语法知识既可长期隐性获得，又可短期显性获得。

---

① 分三级：一级字表为常用字集，收字 3 500 个，主要满足基础教育和文化普及的基本用字需要。二级字表收字 3 000 个，二级字使用度仅次于一级字。一、二级字表合计收字 6 500 个，主要满足出版印刷、辞书编纂和信息处理等方面的一般用字需要。三级字表收字 1 605 个，是姓氏人名、地名、科学技术术语和中小学语文教材文言文用字中未进入一、二级字表的较通用的字，主要满足信息化时代与大众生活密切相关的专门领域的用字需要。

儿童习得母语语法是前一种方式，年龄越大，使用母语的时间越长，语法水平越高（掌握隐性语法知识的数量越多，运用的熟练、准确程度越高）。成人习得二语语法常常是后一种方式，虽然可以短期快速地学到一些显性语法知识，但语法知识由少到多的积累以及显性知识的隐性化都需要过程。华测的被试群体——华裔青少年，习得华语语法的方式与儿童母语者更加接近。从国内针对母语者的《语文课标》来看，小学阶段对显性语法知识是不做要求的，但第三学段（五—六年级）要求"做到语句通顺"，就意味着学生小学毕业时应该基本掌握全部汉语隐性语法知识了。因此，华测语法大纲只分四个等级。

3.2 定级方式

3.2.1 基于语料库的统计数据进行定级

有良好形式标记的语法条目，基于语料库的统计数据进行定级。

利用频率信息，计算机自动定级，在此基础上进一步人工干预调整级别。下面以比字句为例做一简单说明，见表7。

表7　比字句相关条目及定级数据

语法条目	举例	总次数	一二年级次数	三四年级次数	五六年级次数	一二年级百万句频	三四年级百万句频	五六年级百万句频	一二年级比例	一二三四年级比例	自动定级	人工干预
【比字句】形1	我比你高。	1 544	729	730	85	2 673	4 385	4 402	0.233	0.616	三	二
【比字句】形2	我比他高一些。	375	168	176	31	616	1 057	1 605	0.188	0.510	三	三
【比字句】形3	我比他高两厘米。	142	44	85	13	161	511	673	0.120	0.500	三	三
【比字句】更	校园比以前更美了。爸爸很高，叔叔比爸爸还高。	834	369	412	53	1 353	2 475	2 745	0.206	0.582	三	三
【比字句】动1	我比他游得快。我游得比他快。	283	136	128	19	499	769	984	0.222	0.563	三	二
【比字句】动2	我比他早来了。他比我多吃了5个饺子。班长比大家先到了一会儿。	41	11	28	2	40	168	104	0.128	0.667	三	三
【比字句】动3	我比别人更了解他。气温比前几天下降了一些。他比我能讲。这个比那个有营养。	20	9	9	2	33	54	104	0.173	0.455	四	四

续表

语法条目	举例	总次数	一二年级次数	三四年级次数	五六年级次数	一二年级百万句频	三四年级百万句频	五六年级百万句频	一二年级比例	一二三四年级比例	自动定级	人工干预
【比字句】不比	你要相信自己,你不比别人差。没有比生命更宝贵的了。	51	19	28	4	70	168	207	0.157	0.535	三	三
【比字句】一比一	一年比一年漂亮。孩子一天比一天长高了。	153	99	50	4	363	300	207	0.417	0.762	二	二
【比字句】可能	我比不上你。谁都比不了我爸爸。你再努力一些,一定比得过他。	114	47	60	7	172	360	362	0.192	0.595	三	三

比字句根据结构形式分出了10个小类①。为了自动定级,我们分别统计了各条目在语料库中的总次数和分学段（一二年级,三四年级,五六年级）的次数,由于各学段的语料规模不一致,进而计算了各学段的句频（技术上换算为百万句频,即实际句频统一乘了100万,含义为每100万个句子的语料中会出现多少次）,然后根据句频计算了每个条目在不同学段的分布比例,最后按照统一的公式进行自动定级:如果"一二年级比例"大于等于0.25,等级为"二";如果"一二年级比例"与"三四年级比例"之和大于等于0.50,等级为"三";否则等级为"四"。观察自动定级结果,不合适的进行人工调整,如"【比字句】形1"这一条目,应该是比字句中最简单的,自动定级为三级,人工干预后调整为二级。

3.2.2 基于已有研究公布的统计数据进行定级

有的语法条目没有很好的形式标记,但能找到已有研究公布的统计数据,直接参考相关数据进行定级。

在此以"句法成分"类语法条目为例做简单说明。我们利用的语料库是带分词和词性标注的,虽然能够统计出各类词性序列的次数,但一个词性序列无法唯一对应到某个句法结构,如"v+n"（动词+名词）序列,可能是动宾结构,可能是定中结构,也可能什么结构都不是(只是相邻出现而已)。因此,无法采用3.2.1的方式进行定级。

查阅相关研究发现,邢红兵、张旺熹（2005）参照"对外汉语教学语法大纲"设立语法项目表,对"现代汉语研究语料库"中20 000个句子进行了语法项目标注及统计,公布了统计数据。我们参考该研究成果对"句法成分"类语法条目进行了定级,尽管该研究基于的语料库是成人母语者的语料库,但其统计数据也是有参考价值的。

---

① 这10个条目是语料中出现"比"的,在实际的条目收录过程中,我们还补充了3个否定形式的条目（没有出现"比"）:【比字句】否定1、【比字句】否定2、【比字句】否定3,并将"【比字句】不比"改称为"【比字句】否定4"。

3.2.3 凭经验进行定级

没有良好形式标记且没有现成研究数据可以利用的语法条目，直接凭经验进行定级。

此外，一级条目也是凭经验定级。由于学龄前阶段没有现成的语料库可以利用，我们从二级条目中挑选出最简单的作为一级条目，剩余部分作为二级条目。

3.3 等级分布

语法条目分布情况如下：一级条目59条，二级条目57条，三级条目83条，四级条目51条，总共250条。

参考文献

方梅．汉语篇章语法研究．北京：社会科学文献出版社，2019．

国家对外汉语教学领导小组办公室．高等学校外国留学生汉语言专业教学大纲．北京：北京语言大学出版社，2002．

国家对外汉语教学领导小组办公室汉语水平考试部．汉语水平等级标准与语法等级大纲．北京：高等教育出版社，1996．

国家汉办/孔子学院总部．新汉语水平考试HSK（一级）大纲．北京：商务印书馆，2011．

国家汉办/孔子学院总部．新汉语水平考试HSK（二级）大纲．北京：商务印书馆，2011．

国家汉办/孔子学院总部．新汉语水平考试HSK（三级）大纲．北京：商务印书馆，2011．

教育部，国家语言文字工作委员会．通用规范汉字表．国务院公布，2013．

教育部中外语言交流合作中心编，刘英林，马剑飞，赵国成主编．国际中文教育中文水平等级标准第三分册：语法．北京：北京语言大学出版社，2021．

孔子学院总部/国家汉办．HSK考试大纲（一级）．北京：人民教育出版社，2015．

孔子学院总部/国家汉办．HSK考试大纲（二级）．北京：人民教育出版社，2015．

孔子学院总部/国家汉办．HSK考试大纲（三级）．北京：人民教育出版社，2015．

孔子学院总部/国家汉办．HSK考试大纲（四级）．北京：人民教育出版社，2015．

孔子学院总部/国家汉办．HSK考试大纲（五级）．北京：人民教育出版社，2015．

孔子学院总部/国家汉办．HSK考试大纲（六级）．北京：人民教育出版社，2015．

孔子学院总部/国家汉办．国际汉语教学通用课程大纲（修订版）．北京：北京语言大学出版社，2014．

李靖华．从语法大纲看对外汉语教学和测试理念的发展．考试研究，2011（6）．

刘月华，潘文娱，故韡．实用现代汉语语法（增订本）．北京：商务印书馆，2001．

宋柔．汉语篇章广义话题结构的流水模型．中国语文，2013（6）．

宋柔．小句复合体的语法结构．北京：商务印书馆，2022．

宋柔，葛诗利，尚英，等．面向文本信息处理的汉语句子和小句．中文信息学报，2017（2）．

王汉卫，黄海峰，杨万兵．华文水平测试的总体设计．华文教学与研究，2013（4）．

王汉卫，凡细珍，邵明明，等．华文水平测试总体设计再认识——基于印尼、菲律宾、新加坡的调查分析．华文教学与研究，2014（3）．

王还主编．对外汉语教学语法大纲．北京：北京语言学院出版社，1995．

王佶旻．制定汉语作为第二语言的能力标准的初步构想．语言文字应用，2012（1）．

魏顺平，赵攀，杨现民，等．大型中国小学生作文语料库的生成．现代教育技术，2008（12）．

肖奚强．外国学生汉语句式学习难度及分级排序研究．北京：高等教育出版社，2009．

邢红兵，张旺熹．现代汉语语法项目的标注及统计研究．赵金铭主编．对外汉语教学的全方位探索——对外汉语研究学术讨论会论文集．北京：商务印书馆，2005．

杨寄洲主编．对外汉语教学初级阶段教学大纲（一）．北京：北京语言文化大学出版社，1999．

张斌主编．现代汉语描写语法．北京：商务印书馆，2010．

中华人民共和国教育部．义务教育语文课程标准（2022年版）．北京：北京师范大学出版社，2022．

朱德熙．语法答问．北京：商务印书馆，1985．

华文水平测试语法大纲

> 语法条目列表一（按语法体系）

> 语法条目列表二（按等级）

语法条目列表一（按语法体系）

呈现方式：

等级	语法条目	说明
	举例	

1. 短语

短语有两个主要的分类角度：功能和结构。短语的功能类有：名词短语、动词短语、形容词短语等。短语的结构类有：联合短语、定中短语、状中短语、述宾短语、述补短语、主谓短语等。结合两个角度，将短语分为22类。

考虑到定级，分两种情况：（1）可以按短语定级；（2）无法按短语定级，原因是其难度等级取决于构成成分的复杂程度，比如"【动词短语】状中"，其难度等级需要按"状语"的复杂程度来定。

符合情况（1）的短语，有等级。符合情况（2）的短语，不作为大纲的语法条目，没有等级，在此罗列出来是为系统性呈现短语类别。

等级	语法条目	说明
	【名词短语】定名	中心语为名词性的定中短语
	我的书包 很大的房子	
四	【名词短语】定谓	中心语为谓词性的定中短语
	春天的到来 他的无奈 孩子的不配合	
一	【名词短语】联合	名词性成分构成的联合短语
	老师和学生 爷爷奶奶 这个和那个 一和二 我和你 他和弟弟	
二	【名词短语】同位	同位短语
	班长刘明明 5号那天	

一	【名词短语】"的"	"的"字短语
	哥哥的 我的 绿的 吃的 卖菜的	
四	【名词短语】"所"	"所"字短语
	所学 所剩	
一	【名词短语】量词1	量词短语
	数词＋量词：三本 **指示代词＋量词**：这个 **指示代词＋数词＋量词**：这一只	
三	【名词短语】量词2	数词＋形容词＋量词
	一大堆 一长串	
一	【名词短语】方位	方位短语
	桌子上 教室里	
	【动词短语】状中	中心语为动词性的状中短语
	仔细看 努力地工作	
	【动词短语】述宾	述宾短语
	写作业 看书	
	【动词短语】述补	述语为动词的述补短语
	飞走 跑出去	
二	【动词短语】联合	动词性成分构成的联合短语
	洗脸刷牙 听和写	
	【动词短语】连动	连动短语
	洗手吃饭 去操场跑步	
	【动词短语】兼语	兼语短语
	夸我好看 请他来做客	
	【形容词短语】状中	中心语为形容词性的状中短语
	很漂亮 十分困难	
	【形容词短语】述补	述语为形容词的述补短语
	高兴极了 开心得像个孩子	

二	【形容词短语】联合	形容词性成分构成的联合短语
	聪明漂亮 很高很大	
三	【形容词短语】比况	比况短语
	花朵似的 哥哥般	
	【主谓短语】	
	味道香 他知道	
	【介宾短语】	
	朝窗外 对朋友	
三	【联合短语】其他	名词性、动词性、形容词性外的联合短语
	向左向右 对自己对别人	

2. 句法成分

一	【主语】名词性	主语为名词、代词、名词短语
	玩具坏了。 他看了一下。 他爸爸很高。 我的吃完了。 这个甜。	
二	【主语】动词性	主语为动词、动词短语
	迟到不好。 写汉字有点儿难。	
二	【主语】形容词性	主语为形容词、形容词短语
	着急没用。 大一点儿没关系。	
三	【主语】主谓短语	主语为主谓短语
	衣服大一点儿没关系。 身体健康最重要。	
一	【谓语】动词性	谓语为动词、动词短语
	爸爸睡觉了。 奶奶在做饭。	
一	【谓语】形容词性	谓语为形容词、形容词短语
	苹果好吃。 姐姐很漂亮。	
三	【谓语】名词性	谓语为名词、名词短语
	今天星期一。 他上海人。	

三	【谓语】主谓短语	谓语为主谓短语
	这杯水你喝了吧。 钥匙我忘带了。	
一	【动词宾语】名词性	动词宾语为名词、代词、名词短语
	看电视 打他 写一个字	
二	【动词宾语】动词性	动词宾语为动词、动词短语
	学游泳 答应明天去	
二	【动词宾语】形容词性	动词宾语为形容词、形容词短语
	喜欢安静 觉得很开心	
三	【动词宾语】主谓短语	动词宾语为主谓短语
	认为这样不好 同意大家一起去	
一	【介词宾语】名词性	介词宾语为名词、代词、方位词、名词短语
	从学校 对我 向左 在桌子上	
四	【介词宾语】动词性	介词宾语为动词、动词短语
	关于节约 对提高教学质量	
四	【介词宾语】形容词性	介词宾语为形容词、形容词短语
	对美 根据胖瘦	
四	【介词宾语】主谓短语	介词宾语为主谓短语
	关于垃圾分类 根据身材胖瘦	
一	【定语】名词性	定语为名词、代词、名词短语
	爸爸的车 纸飞机 他弟弟 她的书包 我家的小猫 这本书 我和姐姐的故事	
一	【定语】形容词性	定语为形容词、形容词短语
	漂亮的娃娃 新衣服 很高的叔叔	
一	【定语】拟声词	定语为拟声词
	哗哗的水 吱吱的叫声	

二	【定语】动词性1	定语为动词、动词短语（有"的"）
	吃的菜 扔出去的球 打电话的人	
四	【定语】动词性2	定语为动词、动词短语（无"的"）
	奖励办法 追赶画面	
三	【定语】主谓短语	定语为主谓短语
	猫捉老鼠的故事 信心十足的样子	
三	【定语】介宾短语	定语为介宾短语
	对这件事的看法 在窗台上的小猫	
四	【定语】复句	定语为复句形式
	你能看见他，他看不见你的地方 人见人爱，人见人夸的孩子	
三	【定语】多项	定语为多项
	那个活泼的长头发女孩 一件粉色的长袖连衣裙	
一	【状语】副词	状语为副词
	很漂亮 经常画画	
一	【状语】形容词性	状语为形容词、形容词短语
	大喊 乱写 很认真地写字	
一	【状语】介宾短语	状语为介宾短语
	对他说 在纸上写	
一	【状语】时空	状语为表示时间、空间的词语
	明天去 前边坐 下课后来找我	
二	【状语】动词性	状语为动词、动词短语
	继续吃 来回地跑 拉着我的手说	
二	【状语】拟声词	状语为拟声词
	哇哇地哭 吱吱嘎嘎响	
三	【状语】主谓短语	状语为主谓短语
	声音不大地说 眼睛一眨不眨地盯着	

三	【状语】名词性	状语为名词、名词短语
	真心喜欢 大口地吃饭	
三	【状语】数量	状语为数量、数量重叠形式
	一口喝完 个个提问 一遍一遍地讲解 一次次介绍 一一回答	
三	【状语】联合短语	状语为联合短语
	认真、仔细地检查 对你对我都好	
四	【状语】多项	状语为多项
	不停地向大家挥手 近年来一直勤勤恳恳地付出	
一	【补语】结果	补语表示结果

	画好
	吃掉
	洗干净
	握住
	
	否定：
	  没画好
	  没有吃掉
	
	提问：
	  画好没有？
	  洗没洗干净？	

一	【补语】简单趋向	补语为简单趋向动词（来、去、上、下、进、出、起、过、回、开）
	拿来 送去 带上 放下 走开	
一	【补语】复合趋向	补语为复合趋向动词（上来、上去、下来、下去、进来、进去、出来、出去、回来、回去、过来、过去、起来）
	爬上去 拿进来 走回来 跑过去 想起来	
三	【补语】复合趋向位置	复合趋向补语和宾语的位置

	处所宾语：
	  走进教室去
	  爬上山来	

		非处所宾语： 　拿出来一本书 　想起来一件事 　拿出一本书来 　想起一件事来	
一	【补语】可能1		补语表示可能
		肯定：动词＋得＋结果补语/趋向补语 　吃得完 　拿得住 　洗得干净 　飞得起来 否定：动词＋不＋结果补语/趋向补语 　吃不完 　拿不住 　洗不干净 　飞不起来	
二	【补语】可能2		补语表示可能
		肯定：动词＋得＋了/动 　吃得了 　拿得动 否定：动词＋不＋了/动 　吃不了 　拿不动	
四	【补语】可能3		补语表示可能
		否定：动词＋不得 　这个有毒，吃不得。 　这笔钱是留着给你上大学用的，现在花不得。	
二	【补语】动量		补语表示动作、行为的量
		说一遍 洗两次	
三	【补语】动量位置		动量补语和宾语的位置
		宾语为一般事物： 　读一遍课文 　洗一下手 宾语为指人名词、处所： 　问一下老师 　去一趟超市 　问老师一下 　去超市一趟 宾语为人称代词： 　见他一回 　找你几次	

二	【补语】时量		补语表示时间的量
	等一小时 讲半天 住两个月		
三	【补语】时量位置		时量补语和宾语的位置
	（1）动作行为已持续时间 **宾语为一般事物：** 　学汉语三年了 　学了三年汉语 　学汉语学了三年 **宾语为指人名词：** 　等姐姐半小时 　等姐姐等了半小时 **宾语为人称代词：** 　等他半小时 　等他等了半小时 （2）动作行为已完成时间 　离开北京两个月了 　成立公司一年了		
三	【补语】数量		补语表示事物的数量或数量差异
	长一米 小一岁		
二	【补语】情态1—形容词性		补语表示情态，为形容词、形容词短语
	玩儿得开心 飞得很高		
二	【补语】情态1—动词性		补语表示情态，为动词、动词短语
	高兴得又蹦又跳 吓得躲起来		
三	【补语】情态1—主谓短语		补语表示情态，为主谓短语
	高兴得嘴巴合不上 写得手都累了		
三	【补语】情态1位置		情态补语和宾语的位置
	写字写得手都累了 打篮球打得满头大汗		
四	【补语】情态2		补语表示情态，动词和补语之间用"个"
	笑个不停 说个痛快		
二	【补语】程度1		补语表示程度
	好极了 讨厌死了 乐坏了		

四	【补语】程度2	补语表示程度
	好得很 累得慌 高兴得不得了 冷得厉害 热得不行	
二	【补语】介宾短语	补语为介宾短语
	放在桌子上 飞向天空	

3. 特殊句式

四	【把字句】动	把 +……+ 动词（动词含结果义）
	把对手击败。 如果洪水把庄稼淹没，就麻烦了。	
一	【把字句】动了	把 +……+ 动词 + 了
	把鸡蛋吃了。 把小鸟放了。	
三	【把字句】动着	把 +……+ 动词 + 着
	把这个拿着。 小女孩把火柴紧紧握着。	
一	【把字句】动结	把 +……+ 动词 + 结果补语
	弟弟把糖吃完了。 把衣服洗干净。	
一	【把字句】动趋	把 +……+ 动词 + 趋向补语
	把书拿出来。 他把球扔了过去。 把衣服放进去了。	
二	【把字句】动介	把 +……+ 动词 + 介宾短语
	把书放在桌子上。 哥哥把球踢向球门。	
二	【把字句】动得	把 +……+ 动词 + 情态补语1
	把地扫得很干净。 他把书放得很整齐。	
四	【把字句】动个	把 +……+ 动词 + 情态补语2
	把石头炸个粉碎。 把小姑娘打扮个漂漂亮亮。	
二	【把字句】动量	把 +……+ 动词 + 动量补语 / 时量补语
	把课文读一遍。 把衣服洗一下。 把米泡一会儿。	

二	【把字句】动宾	把+……+动词+宾语
	动词 + 宾语： 　把报纸给爷爷。 　把这件事告诉老师。 　把墙上钻一个眼儿。 **动词 + 给 + 宾语：** 　把报纸拿给爷爷。 　他把球踢给哥哥。 **动词 + 成 / 作 / 为 / 做 + 宾语（或者动词本身包含"成 / 作 / 为 / 做"）：** 　奶奶把大被子改成了小被子。 　把没有钱的老爷爷变成有钱的老爷爷。	
三	【把字句】动词变形	把+……+动词变形
	动词变形：VV，V一V，一V，V了V，V了一V，V了又V，V啊V，V呀V 　把作业改一改。 　爸爸把衣服一穿，出门了。 　她把手洗了又洗。	
三	【把字句】状动	把+……+状语+动词
	小鸡把米都吃了。 大象把水往我身上喷。	
三	【把字句】助动否定	助动词、否定词在"把"前
	他能把电脑修好。 你应该把垃圾丢掉。 他没把你当朋友。 我不会把你一个人留在家里。	
四	【把字句】加以进行	把+……+加以+动词，把+……+进行+动词
	把学生的作文加以修改，投到报社。 把蔬菜进行加工。	
三	【把字句】给	把+……+给+动词
	他把电脑给修好了。 小鸡把米都给吃了。 哥哥把球给扔了过去。	
二	【被字句】动	被+动词，被+……+动词
	小心被骗。 快藏起来，别被人发现。	
二	【被字句】动了	被+动词+了，被+……+动词+了
	受伤的小猫被救了。 今天又被老师批评了。	
三	【被字句】动着	被+动词+着，被+……+动词+着
	他被绑着。 他被大石头压着，不能动。	

三	【被字句】动过	被+动词+过，被+……+动词+过
	下过雨，天空像被洗过。 他被蛇咬过。	
二	【被字句】动结	被+动词+结果补语，被+……+动词+结果补语
	烂苹果被丢掉了。 玩具车被弟弟摔坏了。	
三	【被字句】动趋	被+动词+趋向补语，被+……+动词+趋向补语
	球被踢了进去。 小猫被弟弟抱了起来。	
三	【被字句】动介	被+动词+介宾短语，被+……+动词+介宾短语
	钥匙被放在了桌子上。 帽子被风吹向天空。	
三	【被字句】动得	被+动词+情态补语1，被+……+动词+情态补语1
	玩具被丢得到处都是。 椅子被大风吹得东倒西歪。	
四	【被字句】动个	被+动词+情态补语2，被+……+动词+情态补语2
	他被绊了个四脚朝天。 蚊子被我逮个正着。	
三	【被字句】动量	被+动词+动量补语/时量补语，被+……+动词+动量补语/时量补语
	他被劝了半天，终于同意了。 哥哥被爸爸批评了一顿。	
三	【被字句】动宾1	被+动词+名词性宾语，被+……+动词+名词性宾语
	动词+宾语： 　红队被罚了一个球。 　他被前面的人挡了路。 **动词+给+宾语：** 　球被传给了1号。 　作业被班长拿给了老师。 **动词+成/作/为/做+宾语（或者动词本身包含"成/作/为/做"）：** 　画上的小鸟被涂成了蓝色。 　她是姐姐，被大家当作了妹妹。 **动词+结果补语+宾语：** 　他被挡住了路。 　小树被风吹弯了腰。	
四	【被字句】动宾2	被+动词+动词性宾语，被+……+动词+动词性宾语
	他做那件事被认为是犯傻。 这道题我一粗心做错了，被老师要求重做。	
四	【被字句】动宾3	被+动词+主谓短语，被+……+动词+主谓短语
	大门关着，被错以为家里没人。 被妹妹发现了那个圣诞老人是爸爸。	

三	【被字句】动词变形	被 + 动词变形，被 +……+ 动词变形
	动词变形：VV，V－V，一V，V了V，V了一V，V了又V，V啊V，V呀V 　　他被推了推，醒了。 　　被雨一淋，感冒了。 　　窗户太脏了，被奶奶擦了又擦。	
三	【被字句】状动	被 + 状语 + 动词，被 +……+ 状语 + 动词
	时间被白白浪费了。 　　垃圾被姐姐从地上捡了起来。	
四	【被字句】所	被 +……+ 所字短语
	我被眼前的景色所吸引。 　　他被这件小事所感动。	
四	【被字句】给	被 +……+ 给 + 动词
	手机被爸爸给没收了。 　　叶子被风给吹了起来。	
一	【比字句】形1	A+ 比 +B+ 形容词
	我比你高。 　　广州比北京热。	
三	【比字句】形2	A+ 比 +B+ 形容词 + 模糊数量
	他比我胖一点儿。 　　我比他高一些。 　　这个房间比那个大多了。 　　南方比北方热得多。	
三	【比字句】形3	A+ 比 +B+ 形容词 + 精确数量
	哥哥比我大三岁。 　　我比他高两厘米。	
三	【比字句】更	A+ 比 +B+ 更 / 更加 / 还 / 还要 + 形容词
	校园比以前更美了。 　　爸爸很高，叔叔比爸爸还高。 　　今天比昨天还要冷一点儿。	
二	【比字句】动1	A+ 比 +B+ 动词 + 得 + 形容词，A+ 动词 + 得 + 比 +B+ 形容词
	我比他游得快。 　　我游得比他快。	
三	【比字句】动2	A+ 比 +B+ 早 / 晚 / 先 / 多 / 少 + 动词
	我比他早来了。 　　他比我多吃了5个饺子。 　　班长比大家先到了一会儿。	
四	【比字句】动3	A+ 比 +B+ 动词
	心理动词： 　　我比你更加怀念过去。 　　我比别人更了解他。 **变化动词：** 　　工作态度比以前改进了。 　　气温比前几天下降了一些。	

	助动词： 　　他比我能讲。 　　我比他会吃。 **有 + 名词：** 　　这个比那个有营养。 　　你比他有能力。	
一	【比字句】否定1	A+ 没 / 没有 +B+ 形容词
	我没你高。 哥哥没有弟弟聪明。	
二	【比字句】否定2	A+ 没 / 没有 +B+ 动词 + 得 + 形容词，A+ 动词 + 得 + 没 / 没有 +B+ 形容词
	我没有他游得快。 我游得没他快。	
三	【比字句】否定3	A+ 不如 +B，A+ 不如 +B+ 形容词，A+ 不如 +B+ 动词 + 得 + 形容词，A+ 动词 + 得 + 不如 +B+ 形容词，A+ 动词 + 得 + 不如 +B
	我不如你。 哥哥不如弟弟聪明。 我不如他游得快。 我游得不如他快。 我游得不如他。	
三	【比字句】否定4	不 / 没有 + 比
	你要相信自己，你不比别人差。 没有比生命更宝贵的了。	
二	【比字句】一比一	一 + 量词 + 比 + 一 + 量词
	一年比一年漂亮 孩子一天比一天长高了。	
三	【比字句】可能	比 + 得了 / 不了 / 得上 / 不上 / 得过 / 不过
	我比不上你。 谁都比不了我爸爸。 你再努力一些，一定比得过他。	
一	【是字句】等同	
	他是我爸爸。 这个娃娃是我最喜欢的玩具。	
一	【是字句】归类	
	我是警察。 猫是一种小动物。	
一	【是字句】说明1	说明时间、地点、特征、关系等
	今天是星期天。 前边是学校。 我的书包是红色。 青蛙和小鸟是好朋友。	
三	【是字句】说明2	说得更具体
	我的梦想是当一名科学家。 我做了一个小实验，是把蚂蚁放进水里，看它会不会游泳。	

四	【是字句】说明3	说明原因、目的、方式、依据、施事等
	可能是运气太差了,他们半天都没有找到食物。 我是想考考你。 大家是通过投票,来选班长。 这本书是按照时间顺序,来写他们发生的故事。 是一位男老师教我们。	
二	【是字句】比喻、推测、假想	
	书是我的朋友。 这只小狗好像是张奶奶家的。 我希望自己是一个太阳。	
四	【是字句】肯定	"是"重读,肯定其后所说
	他是聪明,一说就会。 天气是冷,大街上没多少人。	
三	【是字句】X是	常见组合:真的是、真是、很是、实在是、简直是、尤其是、特别是
	这个辣椒真的是太辣了。 老师听了很是感动。 简直是不敢相信。	
三	【是字句】的是	的 + 是
	他画的是一只小鸡。 最疼爱我的是外婆。 可惜的是我没去成。	
四	【是字句】得是	得 + 是
	她听得是那样陶醉。 老黄牛老得是不能再老了。	
二	【是字句】是……的	按某个角度分类
	我的头发是黑色的。 这葡萄是甜的。 我们的教室是长方形的。 他是三年级的。	
二	【是……的】强调1	焦点:时间、处所、方式、目的、施事
	我今天是六点起床的。 书是在网上买的。 他们是坐飞机去的。 她是来公园画画的。 是大灰狼偷的。	
三	【是……的】强调2	焦点:工具、材料、依据、对象、原因、顺序 多焦点
	这些字是用毛笔写的。 杯子是用玻璃做成的。 我是按照书上的步骤做的。 这肉是给狐狸吃的。 我第一次掉牙是刷牙刷掉的。 他是第一个知道的。 我的遥控车是我过生日的时候爸爸送给我的。	

四	【是……的】强调3	焦点：条件
	我都是写完作业才看电视的。 他是不管谁教都教不会的。	
三	【是……的】表达观点事实1	
	形容词/形容词短语/心理动词/心理动词短语： 　秋天是美丽的。 　诚实是最重要的。 　他是很害怕的。 **动词 + 可能补语，动词 + 可能补语 + 宾语：** 　妈妈的爱是说不完的。 　你是赢不了我的。 **助动词 + 动词/动词短语：** 　这是必须完成的。 　哭是不能解决问题的。 **有/没/没有 + 名词：** 　大树是有生命的。 　这样做是没礼貌的。 **主谓短语：** 　那个阿姨是我认识的。 　这个结果是大家想要的。	
四	【是……的】表达观点事实2	
	动词： 　这一页的字体是放大的。 　它的叶子是垂着的。 **成语：** 　父母对我的爱是无微不至的。 　这种感觉是妙不可言的。	
一	【有字句】领有	
	我有一本书。 他有很多玩具。	
一	【有字句】说明数量	
	红色铅笔有3支。 女老师有5个。	
二	【有字句】包括、列举	
	幼儿园有大班、中班和小班。 我喜欢吃的水果有葡萄、西瓜、苹果。	
三	【有字句】估量、比较	
	机器有好几吨重。 这个叔叔有1米8多。 这条鱼有我巴掌这么大。	

三	【有字句】抽象宾语		有 + 抽象宾语
	这么做很有意义。 爸爸对我有很大的影响。		
四	【有字句】动有		动词 + 有
	爷爷患有严重的心脏病。 瓶子里装有矿泉水。		
一	【双宾句】名词性		直接宾语为名词、名词短语
	给你钱。 我给弟弟一块糖。 他告诉我一件事。		
二	【双宾句】动词性		直接宾语为动词、动词短语
	他学爷爷说话。 爸爸答应我去划船。		
三	【双宾句】主谓短语		直接宾语为主谓短语
	狐狸骗大家葡萄是酸的。 姐姐告诉我雨下得很大。		
一	【存现句】存在1		动词：是、有
	是： 　我家前面是一条小河。 　床上、地上都是玩具。 **有：** 　桌子上有几本书。 　今天有比赛。		
二	【存现句】存在2		"是""有"之外的动词
	森林里住着一群猴子。 路边停了几辆车。		
四	【存现句】存在3		不出现动词
	操场上很多人。 桌子上一层厚厚的灰尘。		
二	【存现句】隐现		
	出现： 　森林里来了一只小熊。 　雨后出现了一道彩虹。 　洞里钻出一只虫子。 **消失：** 　地里少了一些玉米，可能是大象吃的。 　树上飞走了几只鸟。		
二	【连动句】先后		动1和动2先后发生
	他写完作业出去玩儿了。 奶奶做好饭休息了一会儿。		

三	【连动句】事理逻辑	方式、目的、因果、假设、转折等
	动1为动2的方式： 　我们排着整齐的队伍来到了操场。 　他坐在沙发上看书。 **动2为动1的目的：** 　他去公园画画。 　朋友飞来北京看我。 **动1和动2构成因果、假设、转折等关系：** 　我一直写作业忘了吃饭。 　天气冷，出门多穿衣服。 　吃了饭忘了付钱。	
三	【连动句】有	动1：有/没/没有 + 名词
	我们终于有机会见面了。 他没办法拿出这么多钱。	
二	【兼语句】1	使令、允禁、爱憎、认定、称谓
	老师叫我回答问题。 爸爸不让我去你家玩儿。 老师夸我很勇敢。 大家选他当队长。 大家都叫她西瓜奶奶。	
三	【兼语句】2	致使、协同
	这件事使我明白了一个道理。 爸爸经常陪我打乒乓球。	

4. 句类

一	【陈述句】	
	肯定： 　苹果很甜。 　他去学校了。 **否定：** 　我不去。 　爷爷没吃晚饭。 　水不热。	
一	【疑问句】是非问	
	这是你爸爸吗？ 他会来吗？ 明天我们一起去，好吗？ 你不吃饭了？	

一	【疑问句】特指问	
	出现疑问代词： 　谁是班长？ 　你想吃什么？ 　你家在哪儿？ 　我们怎么去？ **不出现疑问代词：** 　你的书包呢？ 　我吃米饭，你呢？	
一	【疑问句】正反问	
	西瓜甜不甜？ 你是不是累了？ 昨天你去没去打球？ 你吃不吃面包？ 我们一起去，好不好？	
二	【疑问句】选择问	
	你要红的还是黄的？ 去上海，坐飞机还是坐火车呢？	
一	【祈使句】	
	肯定： 　走吧！ 　快点儿！ 　拿着。 　数一数。 **否定：** 　别玩了！ 　不要说话。	
一	【感叹句】	
	太好了！ 真好吃。 多好看的花儿啊！	
三	【反问句】是非问形式	
	你不是去过吗？ 老师说明天放假，你没听见吗？ 还想买这么贵的手机，你有钱吗？	
三	【反问句】特指问形式	
	哭什么？别哭了。 这个动作难什么？一点儿也不难。 谁说我笨？ 你怎么能这么说呢？ 他哪里知道？你别相信他。	

四	【反问句】正反问形式	
	这么吵，还让不让人休息了？ 你说他本事大不大？一个人干了三个人的活。	
四	【反问句】选择问形式	
	这点儿钱，是够吃一顿饭的还是够看一场电影的？ 你总是不听我的，我是哥哥还是你是哥哥？	

5. 复句

复句的分类角度主要是句间的逻辑语义关系，按此角度分为因果复句、选择复句、转折复句等。各类复句的难度等级与两方面有关：一是逻辑语义关系的认知难度，二是关联词语的词汇难度。语法大纲的等级跨度为一到四级，能够覆盖各类复句的认知难度，但无法覆盖各类复句所涉关联词语的词汇难度。

在此，先给出收入大纲的语法条目，再在随后的列表中给出各类复句涉及的五六级关联词语。

一	【并列】1	
	一会儿……，一会儿…… 　小狗一会儿跑出去，一会儿又跑进来。 **一边……，一边……** 　我一边吃西瓜，一边看电视。 **关联词语：又、也** 　姐姐很漂亮，又很聪明。 　看着照片，爷爷笑了，奶奶也笑了。	
二	【并列】2	
	既……，又/也…… 　她既会跳舞，又会画画。 　我既喜欢吃米饭，也喜欢吃面条。	
三	【并列】3	
	不是……，是…… 　葡萄不是酸的，是甜的。 **不是……，而是……** 　他不是笨，而是不努力。 **不再……，而是……** 　从此，这个大哥哥不再欺负小朋友了，而是经常帮助他们了。 **一面……，一面……** 　她一面听音乐，一面洗衣服。	

四	【并列】4	
	一方面……，（另）一方面…… 　他一方面能力强，一方面运气好，很快就找到工作了。 　一方面要好好学习，另一方面也要好好锻炼身体。	
二	【承接】1	
	先……，再／然后…… 　先洗手，再吃东西。 　他先接了一碗水，然后加了点儿盐。	
三	【承接】2	
	关联词语：首先、于是、便、接着 　首先把衣服放进洗衣机，然后加入洗衣液。 　爸爸说吃饱了才有劲儿爬山，于是我吃了一大碗米饭。 　我给小狗倒了一杯牛奶，它便摇着尾巴跑了过来。 　买完菜，接着回家做饭。	
四	【承接】3	
	关联词语：其次、再次 　首先，锅里放上油；其次，放入切好的菜，炒熟；再次，加盐，出锅。	
二	【递进】1	
	关联词语：更 　我喜欢唱歌，更喜欢画画。 　爸爸很高，叔叔更高。	
三	【递进】2	
	不但／不仅／不只／不光……，而且／还／也…… 　这道题太难了，不但我不会做，爸爸也不会做。 　不只孩子喜欢看，大人也喜欢。 　我不仅感冒了，而且挺厉害。 　老师不光教我们知识，还教我们如何做人。 关联词语：再说 　这个不好吃，我不吃，再说我也不饿。 　今天爸爸有点儿忙，不带你出去玩儿了，再说天气也不是很好。	
四	【递进】3	
	关联词语：甚至、并且、从而、反而 　我知道错了，不敢看老师，甚至不敢抬头。 　我学会了游泳，并且学会了不止一种姿势。 　他得到了全班同学的支持，从而顺利当选。 　我承认了窗户是我打破的，老师不但没有批评我，反而表扬我诚实。	
三	【选择】1	
	关联词语：或、或者、要不、要不然 　我想和你见个面，或在网上聊聊天儿。 　或者走路，或者骑车，都可以。 　红的没有了，要不你拿个黄的吧。 　这里人太多了，要不然咱们去别的地方玩儿吧。	

四	【选择】2	
	不是……，就是…… 　每次拔河比赛，我们班不是第一，就是第二。 　不是你去，就是我去。 **要么……，要么……** 　中午要么吃米饭，要么吃面条。 　这道题要么选 A，要么选 B。 **与其……，不如……** 　与其等车等半小时，不如走路去。 　与其坐在屋里发呆，不如出去走走。 **宁可/宁肯/宁愿……，也……** 　爸爸宁可少挣点儿钱，也不愿意天天加班。 　他宁愿挨骂，也要说出实话。 **关联词语：或是** 　我想帮助他，或是安慰他一下。 　或是坐飞机，或是坐高铁，都很方便。	
一	【因果】1	
	因为……，所以…… 　因为我很饿，我把你的面包吃了。 　我很饿，所以我把你的面包吃了。 　因为我很饿，所以我把你的面包吃了。	
三	【因果】2	
	既然……，就…… 　既然你这么想参加，就报名吧。 　既然会堵车，咱们别开车了。 **关联词语：结果、由于** 　这次考试我没好好复习，结果考得很差。 　他出门晚了，结果没赶上飞机。 　由于考试没考好，他这几天一直不开心。	
四	【因果】3	
	之所以……，是因为…… 　这座桥之所以叫"十七孔桥"，是因为它有十七个桥洞。 　爸爸妈妈之所以对你要求很严，是因为对你期望很高。 **关联词语：因、因此、因而、可见** 　因天气原因，航班临时取消了。 　爷爷牙不好，因此不能吃太硬的食物。 　登山过程中遇到了暴风雪，他因而迷了路。 　屋内的家具都积了一层尘土，可见长时间没人住了。	

三	【转折】1	
	虽然……，但是 / 但 / 可是 / 可 / 不过 / 却…… 　　虽然累，但很开心。 　　虽然气温很低，不过他不觉得冷。 　　他会开车，却不经常开。 **关联词语：就是** 　　他很聪明，就是有点儿懒。	
四	【转折】2	
	虽 / 虽说……，但是 / 但 / 可是 / 可 / 不过 / 却…… 　　他虽努力，但成绩一般。 　　天气虽说很好，我的心情却不太好。 **关联词语：尽管、而、然而** 　　尽管现在有钱了，也不能乱花。 　　哥哥很喜欢，而弟弟却不喜欢。 　　我送他一个礼物，以为他会喜欢，然而他没什么反应。	
二	【假设】1	
	如果 / 要是 / 假如……，就…… 　　如果我有翅膀，我就飞到天上去。 　　要是明天下雨，我们就不去了。 　　假如我有一支神笔，我就给爸爸画一辆车。 **……的话，就……** 　　你不帮我的话，我就不知道怎么办了。 　　如果你有的话，就借给我用一下吧。	
三	【假设】2	
	关联词语：要、万一、要不是、要不然、要不、不然 　　你要喜欢，就买吧。 　　你把钥匙放好，万一丢了就麻烦了。 　　要不是你起床晚了，怎么会迟到呢？ 　　不要相信他，要不然你会上当的。 　　你多写几遍，要不很快就忘了。 　　你多穿点儿，不然会冻坏的。	
三	【条件】1	
	只要……，就…… 　　只要明天不下雨，咱们就去爬山。 　　只要你喜欢，我就给你买。 **只有……，才……** 　　只有坚持，才能成功。 　　只有今晚休息好，明天才会有精神。	

四	【条件】2	
	无论/不论/不管……，都/也…… 　　无论你的决定是什么，我都会支持你的。 　　不论老师怎么讲，他都不明白。 　　不管你是谁，也要遵守规定。 **凡是……，都……** 　　凡是本校学生，都可以报名参加。 **关联词语：除非** 　　我不会原谅你的，除非你认错。	
四	【让步】	
	即使/就是/就算……，也/都…… 　　即使你知道密码，也无法打开。 　　就是下大雨，也要出门。 　　就算你插上翅膀，都赶不上了。 **关联词语：哪怕** 　　哪怕只有一线希望，也要试一试。 　　一定要完成任务，哪怕再苦再累。	
三	【目的】1	
	关联词语：为了、是为了 　　为了得冠军，他每天都刻苦训练。 　　他每天走路回家，是为了锻炼身体。	
四	【目的】2	
	关联词语：为的是 　　他最近经常跑步，为的是能变瘦点儿。 　　爸爸经常加班，为的是多挣点儿钱。	
四	【多重】	
	他很早就出门了，可还是迟到了，因为路上堵车。 如果我有钱了，我就先买一辆车，然后去各地旅游。	

各类复句涉及的五六级关联词语

【并列】	
时而……，时而……（5） 一来……，二来……（6）	
【承接】	
此后（5）、继而（6）	
【递进】	
何况（5）、况且（5）、别说（5）、乃至（5）、进而（6）、非但（6）、尚且（6）	
【因果】	
以致（5）、以至于（5）、故而（5）、以至（6）、故（6）、致使（6）、鉴于（6）	

【转折】	
反倒（5）	
【假设】	
否则（5）、假若（5）、假使（5）、一旦（5）、如（5）、若（5）、倘若（6）、若非（6）	
【条件】	
任凭（5）、唯有（6）、惟有（6）	
【让步】	
固然（5）、即便（5）、便（5）、纵然（6）、纵（6）、纵使（6）	
【目的】	
以（5）、以便（5）、以免（5）、免得（5）、省得（5）、借以（6）	

6. 散点

一	【数的表达】序数	
	第一名 第五课	
一	【数的表达】号码	
	56号 11路车 305房间	
一	【数的表达】概数1	
	常用词语：许多、好多、一半 　我有许多玩具。 　大树上有好多小鸟。 　面包吃了一半。	
三	【数的表达】概数2	
	相邻数： 　七八个同学 　五六斤苹果 　一二十天 **数词＋多＋量词：** 　三十多个 　五百多名 **数词＋量词＋多：** 　七斤多 　五块多 **常用词语：大约、约、左右** 　大约五斤重 　约三十人参加 　两百左右	

四	【数的表达】概数3	
	成 / 上 / 数 / 近 + 百 / 千 / 万： 　　成百人 　　上千名学生 　　数万名游客 　　近千人 **数词 + 来：** 　　十来个人 　　五十来块 　　二十来天 **常用词语：上下、以上、以下** 　　四十上下 　　90分以上 　　0℃以下	
四	【数的表达】倍数、分数、小数	
	他比我快三倍。 是原来的两倍。 三分之二（2/3） 百分之六十（60%） 三点五（3.5）	
二	【数的表达】钱数	
	三十二、三十二块、三十二元（¥32.00） 十八块五、十八块五毛、十八元五角（¥18.50） 六十九块一毛八、六十九块一毛八分、六十九元一角八分（¥69.18） 二十一块零五、二十一块零五分、二十一元零五分（¥21.05）	
一	【数的表达】星期1	
	星期一、星期二、星期三、星期四、星期五、星期六 星期天、星期日	
二	【数的表达】星期2	
	周一、周二、周三、周四、周五、周六、周日	
二	【数的表达】日期	
	2022年7月8日、2022年7月8号 2022年7月 7月8日、7月8号	
二	【数的表达】时间1	
	三点（3:00） 十五点（15:00） 八点二十七、八点二十七分（8:27） 六点零五、六点零五分（6:05） 九点半、九点三十、九点三十分（9:30）	

三	【数的表达】时间2	
	八点二十七分五十二秒（8:27:52） 差五分七点（6:55） 六点一刻（6:15） 差一刻九点（8:45）	
一	【动作的态】完成	"了"表完成
	我吃了一碗米饭。 弟弟画了一个太阳。	
一	【动作的态】变化	"了"表变化
	我6岁了。 下雨了。	
一	【动作的态】持续	"着"表持续
	窗开着。 本子上写着他的名字。	
一	【动作的态】经历	"过"表经历
	我去过北京。 我学过这个字。	
一	【动作的态】进行1	"在"表进行
	爷爷在看电视。 爸爸在打电话呢。	
二	【动作的态】进行2	"正在""正"表进行
	奶奶正在做饭。 我正写作业呢，窗前飞来一只鸟。 我正高兴呢，妈妈让我快去睡觉。	
一	【重叠变形】AA	动词、形容词
	洗洗手，吃饭了。 一条大大的鱼	
二	【重叠变形】AABB	动词、形容词
	小兔子蹦蹦跳跳的，真可爱！ 小松鼠安安静静地睡着了。	
二	【重叠变形】ABAB	动词、形容词
	你的房间这么乱，快收拾收拾。 我要乖一点儿，让妈妈高兴高兴。	
三	【重叠变形】量词	
	被老师夸了，我们个个都很开心。 树叶飘了下来，像一只只蝴蝶。 老师一遍一遍地讲，我终于明白了。 一个又一个气球飞上了天空。	
一	【重叠变形】其他1	动词：V一V、V了V
	猜一猜，这是什么？ 你尝一尝，很好吃。 小狗闻了闻，跑开了。	

二	【重叠变形】其他2	动词：V了一V、V了又V、V着V着
	他摸了一摸，挺滑的。 这个字他写了又写，终于记住了。 她说着说着脸红了。	
一	【又……又……】	
	苹果又大又甜。 妹妹又唱又跳。	
二	【既……又……】	
	房间既干净又漂亮。 这家饭馆的菜既好吃又不贵。	
一	【一边……一边……】	
	爷爷一边看电视一边吃饭。 他一边走路一边听歌。	
一	【就要……了】	要 / 就要 / 快要……了
	要下雨了。 车就要开了。 快要上课了。	
二	【一……就……】	
	我一放学就回家。 爷爷一高兴就想喝酒。	
二	【了……就……】	
	买了票就可以进去了。 我下了课就去操场了。	
二	【完……就……】	
	我吃完早饭就去上学了。 写完作业就去玩儿吧。	
三	【一V就V】	
	路上堵车，一堵就堵了一个小时。 哥哥很厉害，球一踢就踢进了。	
三	【一……就是……】	
	我喜欢看书，一看就是几个小时。 好朋友见面了，有说不完的话，一聊就是一下午。	
二	【一……都……】	一……都 / 也 + 不 / 没 / 没有
	他一句话都不说。 教室里一个人也没有。 爸爸一口饭都没吃，急着上班去了。	
三	【说V就V】	
	说去就去，我和爸爸拿起钓鱼竿就出门了。 放假了，我要帮妈妈做家务，说干就干。	
三	【想V就V】	
	想买就买吧，别犹豫了。 大熊猫想吃就吃，想睡就睡，太幸福了。	

四	【V 都不 V】		都不 / 都没 / 也不 / 也没
	衣服她试都不试一下，就买了。 她拿出一个苹果，洗都没洗就吃了一口。 新买的书他看也不看，就丢在了一边。 他想也没想就答应了。		
三	【连……都……】		连……都 / 也……
	他连最难的题都做对了。 杯子里连一滴水也没有。		
三	【非……不可】		
	不让他玩儿手机，他非玩儿不可。 让别人知道了，非笑话我不可。		
三	【拿……没办法】		
	弟弟不好好吃饭，妈妈拿他没办法。 怎么说你都不听，真拿你没办法。		
四	【不……也……】		
	我坐第一排，不戴眼镜也能看清黑板。 你不说我也知道。		
三	【再……也……】		
	不要放弃，再累也要坚持。 再好吃也不能吃太多。		
三	【再……就……】		
	再犹豫就买不到了，快买吧。 再不起床就迟到了。		
四	【再……不过】		
	我对这里再熟悉不过了。 这是再好不过的选择了。		
三	【越……越……】		
	雨越下越大。 他越长越高。		
三	【A 就 A 吧】		
	忘了就忘了吧，下次记得带来。 贵点儿就贵点儿吧，喜欢就好。		
四	【A 是 A】		
	这件衣服好看是好看，就是太贵了。 看是看清楚了，就是不认识。		
四	【A 是 A，B 是 B】		A 是 A，B 是 B；A 归 A，B 归 B
	你是你，我是我，咱们分清楚。 说归说，做归做，做比说难。		
二	【还没……】		还 + 没 / 没有……（呢）
	我还没吃晚饭呢。 这个字还没有学。		

三	【疑问代词复指】	
	想吃什么就点什么。 妈妈去哪儿，我就去哪儿。 谁先跑到上面谁就赢了。 你想吃多少就吃多少。 老师让翻到第几页我们就翻到第几页。 你爱怎么玩儿就怎么玩儿。	
三	【疑问代词任指】	
	他哪儿都想去。 我谁也不认识。 她什么都懂。 老师怎么讲他都不明白。	
四	【双重否定】	
	我不是不帮你，实在是没办法。 这件事很重要，你不是不知道。 这首歌很流行，没有不会唱的。	
四	【倒装句】	
	吃完了我。 先去吧你们。	
四	【紧缩句】	
	你不去我去。 孩子没事就放心了。	
一	【非主谓句】	
	飞机！ 下雨了！ 快起床！ 好看。 啊！ 谢谢。 好的。	

7. 语段

本部分用例均选自教育部组织编写的《语文》（2016—2019，人民教育出版社）。

一	【回指】人称代词	
	从前有个人，养了几只羊。一天早上，他去放羊，发现羊少了一只。（二年级下册12 寓言二则） 不知什么时候，小青蛙的尾巴已经不见了。他们跟着妈妈，天天去捉害虫。（二年级上册 1 小蝌蚪找妈妈）	

二	【回指】指示代词	
	要是能做一棵会跑的树，那一定会很好。（三年级上册9那一定会很好）	
	青蛙住在烂泥塘里。他觉得这儿不怎么样，想把泥塘卖掉，换一些钱搬到城里住。（二年级下册21青蛙卖泥塘）	
一	【回指】名词	
	从前，这里只有一棵树，树上只有一个鸟窝，鸟窝里只有一只喜鹊。（一年级下册6树和喜鹊）	
	我们住在乡下，窗前是一大片草地。草地上长满了蒲公英。（三年级上册16金色的草地）	
一	【共享】无	每个小句一个话题，无共享成分
	雪地里来了一群小画家。小鸡画竹叶，小狗画梅花，小鸭画枫叶，小马画月牙。（一年级上册12雪地里的小画家）	
	雨停了。太阳出来了。一条彩虹挂在天空。（二年级下册16雷雨）	
一	【共享】开头	共享成分在前面小句的开头
	一群大雁往南飞， 　　一会儿排成个"人"字， 　　一会儿排成个"一"字。（一年级上册1秋天）	
	他躺在床上， 　闭上眼睛， 　　一会儿就睡着了。（二年级上册21雪孩子）	
三	【共享】中间	共享成分在前面小句的中间
	我看见一只彩色的小鸟站在船头， 　　　　多么美丽啊！（三年级上册15搭船的鸟）	
	可是，大象的耳朵眼儿里，经常有小虫子飞进去， 　　　　还在里面跳舞， 　　　吵得他又头痛，又心烦。（二年级下册19大象的耳朵）	
二	【共享】末尾	共享成分在前面小句的末尾
	池塘里有一群小蝌蚪， 　　　大大的脑袋， 　　　黑灰色的身子， 　　　甩着长长的尾巴， 　　　快活地游来游去。（二年级上册1小蝌蚪找妈妈）	
	路的一边是田野， 　　葱葱绿绿的， 　　非常可爱， 　　像一片柔软的绿毯。（二年级下册7一匹出色的马）	
三	【共享】主客体	小句的主体、客体同时被共享
	有一次上图画课，老师把两个杨桃摆在讲桌上，要同学们画。（二年级下册13画杨桃）	
	胡萝卜先生常常为胡子发愁，因为他长着浓密的胡子，必须每天刮。（三年级上册13胡萝卜先生的长胡子）	

三	【共享】倒置	共享成分在后面小句的开头
	到了学校，已经上课了。 元元红着脸，低着头，坐到了自己的座位上。（一年级下册 16 一分钟） 　玩腻了， 我又跑到祖父那里乱闹一阵。（五年级下册 2 祖父的园子）	
四	【共享】汇合	
	（1）前面各小句汇总到后面的小句 　一身乌黑的羽毛， 　一对轻快有力的翅膀， 　加上剪刀似的尾巴， 　　　　凑成了那样可爱的活泼的小燕子。（三年级下册 2 燕子） （2）共享成分在后面小句的末尾 　后来，我就和阿成哥到小溪里采了一些水草， 　　　　捡了些石块　放在缸里。（三年级下册 15 小虾）	
三	【共享】推进	
	地球上的第一种恐龙大约出现在两亿四千万年前。 它和狗一般大小， 　两条后腿粗壮有力， 　　　　能够支撑起整个身体。（四年级下册 6 飞向蓝天的恐龙） 有一天， 我起得很早去钓鱼， 　发现草地并不是金色的， 　　　　而是绿色的。（三年级上册 16 金色的草地）	
四	【共享】折返	
	小猴子抱着一个大西瓜往回走。 走着走着，他看见一只小兔子蹦蹦跳跳的， 　　　　真可爱， 　　就扔了西瓜， 　　去追小兔子。（一年级下册 18 小猴子下山） 中秋的夜里，我们在院子里盼着月亮， 　　　　好久却不见出来， 　　便坐回中堂里， 　　放了竹窗帘儿闷着， 　　缠着奶奶说故事。（五年级上册 24 月迹）	

语法条目列表二（按等级）

呈现方式：

编号	语法条目	说明
	举例	

一级语法条目（59）

一、短语

一01	【名词短语】联合	名词性成分构成的联合短语
	老师和学生 爷爷奶奶 这个和那个 一和二 我和你 他和弟弟	
一02	【名词短语】"的"	"的"字短语
	哥哥的 我的 绿的 吃的 卖菜的	
一03	【名词短语】量词1	量词短语
	数词 + 量词：三本 **指示代词 + 量词**：这个 **指示代词 + 数词 + 量词**：这一只	
一04	【名词短语】方位	方位短语
	桌子上 教室里	

二、句法成分

一05	【主语】名词性	主语为名词、代词、名词短语
	玩具坏了。 他看了一下。 他爸爸很高。 我的吃完了。 这个甜。	

一06	【谓语】动词性		谓语为动词、动词短语
	爸爸睡觉了。 奶奶在做饭。		
一07	【谓语】形容词性		谓语为形容词、形容词短语
	苹果好吃。 姐姐很漂亮。		
一08	【动词宾语】名词性		动词宾语为名词、代词、名词短语
	看电视 打他 写一个字		
一09	【介词宾语】名词性		介词宾语为名词、代词、方位词、名词短语
	从学校 对我 向左 在桌子上		
一10	【定语】名词性		定语为名词、代词、名词短语
	爸爸的车 纸飞机 他弟弟 她的书包 我家的小猫 这本书 我和姐姐的故事		
一11	【定语】形容词性		定语为形容词、形容词短语
	漂亮的娃娃 新衣服 很高的叔叔		
一12	【定语】拟声词		定语为拟声词
	哗哗的水 吱吱的叫声		
一13	【状语】副词		状语为副词
	很漂亮 经常画画		
一14	【状语】形容词性		状语为形容词、形容词短语
	大喊 乱写 很认真地写字		
一15	【状语】介宾短语		状语为介宾短语
	对他说 在纸上写		
一16	【状语】时空		状语为表示时间、空间的词语
	明天去 前边坐 下课后来找我		

一17	【补语】结果	补语表示结果
	画好 吃掉 洗干净 握住 否定： 　没画好 　没有吃掉 提问： 　画好没有？ 　洗没洗干净？	
一18	【补语】简单趋向	补语为简单趋向动词（来、去、上、下、进、出、起、过、回、开）
	拿来 送去 带上 放下 走开	
一19	【补语】复合趋向	补语为复合趋向动词（上来、上去、下来、下去、进来、进去、出来、出去、回来、回去、过来、过去、起来）
	爬上去 拿进来 走回来 跑过去 想起来	
一20	【补语】可能1	补语表示可能
	肯定：动词＋得＋结果补语/趋向补语 　吃得完 　拿得住 　洗得干净 　飞得起来 否定：动词＋不＋结果补语/趋向补语 　吃不完 　拿不住 　洗不干净 　飞不起来	

三、特殊句式

一21	【把字句】动了	把＋……＋动词＋了
	把鸡蛋吃了。 把小鸟放了。	

一 22	【把字句】动结		把 +……+ 动词 + 结果补语
	弟弟把糖吃完了。 把衣服洗干净。		
一 23	【把字句】动趋		把 +……+ 动词 + 趋向补语
	把书拿出来。 他把球扔了过去。 把衣服放进去了。		
一 24	【比字句】形1		A+ 比 +B+ 形容词
	我比你高。 广州比北京热。		
一 25	【比字句】否定1		A+ 没 / 没有 +B+ 形容词
	我没你高。 哥哥没有弟弟聪明。		
一 26	【是字句】等同		
	他是我爸爸。 这个娃娃是我最喜欢的玩具。		
一 27	【是字句】归类		
	我是警察。 猫是一种小动物。		
一 28	【是字句】说明1		说明时间、地点、特征、关系等
	今天是星期天。 前边是学校。 我的书包是红色。 青蛙和小鸟是好朋友。		
一 29	【有字句】领有		
	我有一本书。 他有很多玩具。		
一 30	【有字句】说明数量		
	红色铅笔有3支。 女老师有5个。		
一 31	【双宾句】名词性		直接宾语为名词、名词短语
	给你钱。 我给弟弟一块糖。 他告诉我一件事。		
一 32	【存现句】存在1		动词：是、有
	是： 　我家前面是一条小河。 　床上、地上都是玩具。 **有：** 　桌子上有几本书。 　今天有比赛。		

四、句类

一 33	【陈述句】	
	肯定： 　苹果很甜。 　他去学校了。 否定： 　我不去。 　爷爷没吃晚饭。 　水不热。	
一 34	【疑问句】是非问	
	这是你爸爸吗？ 他会来吗？ 明天我们一起去，好吗？ 你不吃饭了？	
一 35	【疑问句】特指问	
	出现疑问代词： 　谁是班长？ 　你想吃什么？ 　你家在哪儿？ 　我们怎么去？ 不出现疑问代词： 　你的书包呢？ 　我吃米饭，你呢？	
一 36	【疑问句】正反问	
	西瓜甜不甜？ 你是不是累了？ 昨天你去没去打球？ 你吃不吃面包？ 我们一起去，好不好？	
一 37	【祈使句】	
	肯定： 　走吧！ 　快点儿！ 　拿着。 　数一数。 否定： 　别玩了！ 　不要说话。	
一 38	【感叹句】	
	太好了！ 真好吃。 多好看的花儿啊！	

五、复句

一39	【并列】1	
	一会儿……，一会儿…… 　　小狗一会儿跑出去，一会儿又跑进来。 一边……，一边…… 　　我一边吃西瓜，一边看电视。 **关联词语：又、也** 　　姐姐很漂亮，又很聪明。 　　看着照片，爷爷笑了，奶奶也笑了。	
一40	【因果】1	
	因为……，所以…… 　　因为我很饿，我把你的面包吃了。 　　我很饿，所以我把你的面包吃了。 　　因为我很饿，所以我把你的面包吃了。	

六、散点

一41	【数的表达】序数	
	第一名 第五课	
一42	【数的表达】号码	
	56 号 11 路车 305 房间	
一43	【数的表达】概数1	
	常用词语：许多、好多、一半 　　我有许多玩具。 　　大树上有好多小鸟。 　　面包吃了一半。	
一44	【数的表达】星期1	
	星期一、星期二、星期三、星期四、星期五、星期六 星期天、星期日	
一45	【动作的态】完成	"了"表完成
	我吃了一碗米饭。 弟弟画了一个太阳。	
一46	【动作的态】变化	"了"表变化
	我6岁了。 下雨了。	
一47	【动作的态】持续	"着"表持续
	窗开着。 本子上写着他的名字。	

一48	【动作的态】经历	"过"表经历
	我去过北京。 我学过这个字。	
一49	【动作的态】进行1	"在"表进行
	爷爷在看电视。 爸爸在打电话呢。	
一50	【重叠变形】AA	动词、形容词
	洗洗手，吃饭了。 一条大大的鱼	
一51	【重叠变形】其他1	动词：V—V、V了V
	猜一猜，这是什么？ 你尝一尝，很好吃。 小狗闻了闻，跑开了。	
一52	【又……又……】	
	苹果又大又甜。 妹妹又唱又跳。	
一53	【一边……一边……】	
	爷爷一边看电视一边吃饭。 他一边走路一边听歌。	
一54	【就要……了】	要 / 就要 / 快要……了
	要下雨了。 车就要开了。 快要上课了。	
一55	【非主谓句】	
	飞机！ 下雨了！ 快起床！ 好看。 啊！ 谢谢。 好的。	

七、语段

一56	【回指】人称代词
	从前有个人,养了几只羊。一天早上,他去放羊,发现羊少了一只。（二年级下册12寓言二则） 不知什么时候,小青蛙的尾巴已经不见了。他们跟着妈妈,天天去捉害虫。（二年级上册1小蝌蚪找妈妈）
一57	【回指】名词
	从前,这里只有一棵树,树上只有一个鸟窝,鸟窝里只有一只喜鹊。（一年级下册6树和喜鹊） 我们住在乡下,窗前是一大片草地。草地上长满了蒲公英。（三年级上册16金色的草地）

一58	【共享】无	每个小句一个话题，无共享成分
	雪地里来了一群小画家。小鸡画竹叶，小狗画梅花，小鸭画枫叶，小马画月牙。（一年级上册12雪地里的小画家）	
	雨停了。太阳出来了。一条彩虹挂在天空。（二年级下册16雷雨）	
一59	【共享】开头	共享成分在前面小句的开头
	一群大雁往南飞， 　一会儿排成个"人"字， 　一会儿排成个"一"字。（一年级上册1秋天）	
	他躺在床上， 　闭上眼睛， 　一会儿就睡着了。（二年级上册21雪孩子）	

二级语法条目（57）

一、短语

二01	【名词短语】同位	同位短语
	班长刘明明 5号那天	
二02	【动词短语】联合	动词性成分构成的联合短语
	洗脸刷牙 听和写	
二03	【形容词短语】联合	形容词性成分构成的联合短语
	聪明漂亮 很高很大	

二、句法成分

二04	【主语】动词性	主语为动词、动词短语
	迟到不好。 写汉字有点儿难。	
二05	【主语】形容词性	主语为形容词、形容词短语
	着急没用。 大一点儿没关系。	
二06	【动词宾语】动词性	动词宾语为动词、动词短语
	学游泳 答应明天去	
二07	【动词宾语】形容词性	动词宾语为形容词、形容词短语
	喜欢安静 觉得很开心	

二08	【定语】动词性1	定语为动词、动词短语（有"的"）
	吃的菜 扔出去的球 打电话的人	
二09	【状语】动词性	状语为动词、动词短语
	继续吃 来回地跑 拉着我的手说	
二10	【状语】拟声词	状语为拟声词
	哇哇地哭 吱吱嘎嘎响	
二11	【补语】可能2	补语表示可能
	肯定：动词+得+了/动 　吃得了 　拿得动 否定：动词+不+了/动 　吃不了 　拿不动	
二12	【补语】动量	补语表示动作、行为的量
	说一遍 洗两次	
二13	【补语】时量	补语表示时间的量
	等一小时 讲半天 住两个月	
二14	【补语】情态1—形容词性	补语表示情态，为形容词、形容词短语
	玩儿得开心 飞得很高	
二15	【补语】情态1—动词性	补语表示情态，为动词、动词短语
	高兴得又蹦又跳 吓得躲起来	
二16	【补语】程度1	补语表示程度
	好极了 讨厌死了 乐坏了	
二17	【补语】介宾短语	补语为介宾短语
	放在桌子上 飞向天空	

三、特殊句式

二 18	【把字句】动介	把 +……+ 动词 + 介宾短语
	把书放在桌子上。 哥哥把球踢向球门。	
二 19	【把字句】动得	把 +……+ 动词 + 情态补语 1
	把地扫得很干净。 他把书放得很整齐。	
二 20	【把字句】动量	把 +……+ 动词 + 动量补语 / 时量补语
	把课文读一遍。 把衣服洗一下。 把米泡一会儿。	
二 21	【把字句】动宾	把 +……+ 动词 + 宾语
	动词 + 宾语： 　把报纸给爷爷。 　把这件事告诉老师。 　把墙上钻一个眼儿。 **动词 + 给 + 宾语：** 　把报纸拿给爷爷。 　他把球踢给哥哥。 **动词 + 成 / 作 / 为 / 做 + 宾语（或者动词本身包含"成 / 作 / 为 / 做"）：** 　奶奶把大被子改成了小被子。 　把没有钱的老爷爷变成有钱的老爷爷。	
二 22	【被字句】动	被 + 动词，被 +……+ 动词
	小心被骗。 快藏起来，别被人发现。	
二 23	【被字句】动了	被 + 动词 + 了，被 +……+ 动词 + 了
	受伤的小猫被救了。 今天又被老师批评了。	
二 24	【被字句】动结	被 + 动词 + 结果补语，被 +……+ 动词 + 结果补语
	烂苹果被丢掉了。 玩具车被弟弟摔坏了。	
二 25	【比字句】动 1	A+ 比 +B+ 动词 + 得 + 形容词，A+ 动词 + 得 + 比 +B+ 形容词
	我比他游得快。 我游得比他快。	
二 26	【比字句】否定 2	A+ 没 / 没有 +B+ 动词 + 得 + 形容词，A+ 动词 + 得 + 没 / 没有 +B+ 形容词
	我没有他游得快。 我游得没他快。	

二 27	【比字句】一比一	一 + 量词 + 比 + 一 + 量词
	一年比一年漂亮 孩子一天比一天长高了。	
二 28	【是字句】比喻、推测、假想	
	书是我的朋友。 这只小狗好像是张奶奶家的。 我希望自己是一个太阳。	
二 29	【是字句】是……的	按某个角度分类
	我的头发是黑色的。 这葡萄是甜的。 我们的教室是长方形的。 他是三年级的。	
二 30	【是……的】强调 1	焦点：时间、处所、方式、目的、施事
	我今天是六点起床的。 书是在网上买的。 他们是坐飞机去的。 她是来公园画画的。 是大灰狼偷的。	
二 31	【有字句】包括、列举	
	幼儿园有大班、中班和小班。 我喜欢吃的水果有葡萄、西瓜、苹果。	
二 32	【双宾句】动词性	直接宾语为动词、动词短语
	他学爷爷说话。 爸爸答应我去划船。	
二 33	【存现句】存在 2	"是""有"之外的动词
	森林里住着一群猴子。 路边停了几辆车。	
二 34	【存现句】隐现	
	出现： 　森林里来了一只小熊。 　雨后出现了一道彩虹。 　洞里钻出一只虫子。 **消失：** 　地里少了一些玉米，可能是大象吃的。 　树上飞走了几只鸟。	
二 35	【连动句】先后	动 1 和动 2 先后发生
	他写完作业出去玩儿了。 奶奶做好饭休息了一会儿。	
二 36	【兼语句】1	使令、允禁、爱憎、认定、称谓
	老师叫我回答问题。 爸爸不让我去你家玩儿。 老师夸我很勇敢。 大家选他当队长。 大家都叫她西瓜奶奶。	

四、句类

二 37	【疑问句】选择问	
	你要红的还是黄的？ 去上海，坐飞机还是坐火车呢？	

五、复句

二 38	【并列】2	
	既……，又 / 也…… 　　她既会跳舞，又会画画。 　　我既喜欢吃米饭，也喜欢吃面条。	
二 39	【承接】1	
	先……，再 / 然后…… 　　先洗手，再吃东西。 　　他先接了一碗水，然后加了点儿盐。	
二 40	【递进】1	
	关联词语：更 　　我喜欢唱歌，更喜欢画画。 　　爸爸很高，叔叔更高。	
二 41	【假设】1	
	如果 / 要是 / 假如……，就…… 　　如果我有翅膀，我就飞到天上去。 　　要是明天下雨，我们就不去了。 　　假如我有一支神笔，我就给爸爸画一辆车。 ……的话，就…… 　　你不帮我的话，我就不知道怎么办了。 　　如果你有的话，就借给我用一下吧。	

六、散点

二 42	【数的表达】钱数	
	三十二、三十二块、三十二元（¥32.00） 十八块五、十八块五毛、十八元五角（¥18.50） 六十九块一毛八、六十九块一毛八分、六十九元一角八分（¥69.18） 二十一块零五、二十一块零五分、二十一元零五分（¥21.05）	
二 43	【数的表达】星期2	
	周一、周二、周三、周四、周五、周六、周日	
二 44	【数的表达】日期	
	2022年7月8日、2022年7月8号 2022年7月 7月8日、7月8号	

二 45	【数的表达】时间 1	
	三点（3:00） 十五点（15:00） 八点二十七、八点二十七分（8:27） 六点零五、六点零五分（6:05） 九点半、九点三十、九点三十分（9:30）	
二 46	【动作的态】进行 2	"正在""正"表进行
	奶奶正在做饭。 我正写作业呢，窗前飞来一只鸟。 我正高兴呢，妈妈让我快去睡觉。	
二 47	【重叠变形】AABB	动词、形容词
	小兔子蹦蹦跳跳的，真可爱！ 小松鼠安安静静地睡着了。	
二 48	【重叠变形】ABAB	动词、形容词
	你的房间这么乱，快收拾收拾。 我要乖一点儿，让妈妈高兴高兴。	
二 49	【重叠变形】其他 2	动词：V 了一 V、V 了又 V、V 着 V 着
	他摸了一摸，挺滑的。 这个字他写了又写，终于记住了。 她说着说着脸红了。	
二 50	【既……又……】	
	房间既干净又漂亮。 这家饭馆的菜既好吃又不贵。	
二 51	【一……就……】	
	我一放学就回家。 爷爷一高兴就想喝酒。	
二 52	【了……就……】	
	买了票就可以进去了。 我下了课就去操场了。	
二 53	【完……就……】	
	我吃完早饭就去上学了。 写完作业就去玩儿吧。	
二 54	【一……都……】	一……都/也 + 不/没/没有
	他一句话都不说。 教室里一个人也没有。 爸爸一口饭都没吃，急着上班去了。	
二 55	【还没……】	还 + 没/没有……（呢）
	我还没吃晚饭呢。 这个字还没有学。	

七、语段

二 56	【回指】指示代词	
	要是能做一棵会跑的树，那一定会很好。（三年级上册 9 那一定会很好）	
	青蛙住在烂泥塘里。他觉得这儿不怎么样，想把泥塘卖掉，换一些钱搬到城里住。（二年级下册 21 青蛙卖泥塘）	
二 57	【共享】末尾	共享成分在前面小句的末尾

	池塘里有一群小蝌蚪，
	      大大的脑袋，
	      黑灰色的身子，
	      甩着长长的尾巴，
	      快活地游来游去。（二年级上册 1 小蝌蚪找妈妈）	

	路的一边是田野，
	      葱葱绿绿的，
	      非常可爱，
	      像一片柔软的绿毯。（二年级下册 7 一匹出色的马）	

三级语法条目（83）

一、短语

三 01	【名词短语】量词 2	数词＋形容词＋量词
	一大堆 一长串	
三 02	【形容词短语】比况	比况短语
	花朵似的 哥哥般	
三 03	【联合短语】其他	名词性、动词性、形容词性外的联合短语
	向左向右 对自己对别人	

二、句法成分

三 04	【主语】主谓短语	主语为主谓短语
	衣服大一点儿没关系。 身体健康最重要。	
三 05	【谓语】名词性	谓语为名词、名词短语
	今天星期一。 他上海人。	

三06	【谓语】主谓短语	谓语为主谓短语
	这杯水你喝了吧。 钥匙我忘带了。	
三07	【动词宾语】主谓短语	动词宾语为主谓短语
	认为这样不好 同意大家一起去	
三08	【定语】主谓短语	定语为主谓短语
	猫捉老鼠的故事 信心十足的样子	
三09	【定语】介宾短语	定语为介宾短语
	对这件事的看法 在窗台上的小猫	
三10	【定语】多项	定语为多项
	那个活泼的长头发女孩 一件粉色的长袖连衣裙	
三11	【状语】主谓短语	状语为主谓短语
	声音不大地说 眼睛一眨不眨地盯着	
三12	【状语】名词性	状语为名词、名词短语
	真心喜欢 大口地吃饭	
三13	【状语】数量	状语为数量、数量重叠形式
	一口喝完 个个提问 一遍一遍地讲解 一次次介绍 一一回答	
三14	【状语】联合短语	状语为联合短语
	认真、仔细地检查 对你对我都好	
三15	【补语】复合趋向位置	复合趋向补语和宾语的位置
	处所宾语： 　走进教室去 　爬上山来 非处所宾语： 　拿出来一本书 　想起来一件事 　拿出一本书来 　想起一件事来	

三 16	【补语】动量位置		动量补语和宾语的位置
	宾语为一般事物： 　读一遍课文 　洗一下手 宾语为指人名词、处所： 　问一下老师 　去一趟超市 　问老师一下 　去超市一趟 宾语为人称代词： 　见他一回 　找你几次		
三 17	【补语】时量位置		时量补语和宾语的位置
	（1）动作行为已持续时间 宾语为一般事物： 　学汉语三年了 　学了三年汉语 　学汉语学了三年 宾语为指人名词： 　等姐姐半小时 　等姐姐等了半小时 宾语为人称代词： 　等他半小时 　等他等了半小时 （2）动作行为已完成时间 　离开北京两个月了 　成立公司一年了		
三 18	【补语】数量		补语表示事物的数量或数量差异
	长一米 小一岁		
三 19	【补语】情态1—主谓短语		补语表示情态，为主谓短语
	高兴得嘴巴合不上 写得手都累了		
三 20	【补语】情态1位置		情态补语和宾语的位置
	写字写得手都累了 打篮球打得满头大汗		

三、特殊句式

三21	【把字句】动着	把+……+动词+着
	把这个拿着。 小女孩把火柴紧紧握着。	
三22	【把字句】动词变形	把+……+动词变形
	动词变形：VV，V一V，一V，V了V，V了一V，V了又V，V啊V，V呀V 　把作业改一改。 　爸爸把衣服一穿，出门了。 　她把手洗了又洗。	
三23	【把字句】状动	把+……+状语+动词
	小鸡把米都吃了。 大象把水往我身上喷。	
三24	【把字句】助动否定	助动词、否定词在"把"前
	他能把电脑修好。 你应该把垃圾丢掉。 他没把你当朋友。 我不会把你一个人留在家里。	
三25	【把字句】给	把+……+给+动词
	他把电脑给修好了。 小鸡把米都给吃了。 哥哥把球给扔了过去。	
三26	【被字句】动着	被+动词+着，被+……+动词+着
	他被绑着。 他被大石头压着，不能动。	
三27	【被字句】动过	被+动词+过，被+……+动词+过
	下过雨，天空像被洗过。 他被蛇咬过。	
三28	【被字句】动趋	被+动词+趋向补语，被+……+动词+趋向补语
	球被踢了进去。 小猫被弟弟抱了起来。	
三29	【被字句】动介	被+动词+介宾短语，被+……+动词+介宾短语
	钥匙被放在了桌子上。 帽子被风吹向天空。	
三30	【被字句】动得	被+动词+情态补语1，被+……+动词+情态补语1
	玩具被丢得到处都是。 椅子被大风吹得东倒西歪。	
三31	【被字句】动量	被+动词+动量补语/时量补语，被+……+动词+动量补语/时量补语
	他被劝了半天，终于同意了。 哥哥被爸爸批评了一顿。	

三32	【被字句】动宾1		被+动词+名词性宾语，被+……+动词+名词性宾语
	动词+宾语： 　红队被罚了一个球。 　他被前面的人挡了路。 **动词+给+宾语：** 　球被传给了1号。 　作业被班长拿给了老师。 **动词+成/作/为/做+宾语（或者动词本身包含"成/作/为/做"）：** 　画上的小鸟被涂成了蓝色。 　她是姐姐，被大家当作了妹妹。 **动词+结果补语+宾语：** 　他被挡住了路。 　小树被风吹弯了腰。		
三33	【被字句】动词变形		被+动词变形，被+……+动词变形
	动词变形：VV，V－V，一V，V了V，V了一V，V了又V，V啊V，V呀V 　他被推了推，醒了。 　被雨一淋，感冒了。 　窗户太脏了，被奶奶擦了又擦。		
三34	【被字句】状动		被+状语+动词，被+……+状语+动词
	时间被白白浪费了。 垃圾被姐姐从地上捡了起来。		
三35	【比字句】形2		A+比+B+形容词+模糊数量
	他比我胖一点儿。 我比他高一些。 这个房间比那个大多了。 南方比北方热得多。		
三36	【比字句】形3		A+比+B+形容词+精确数量
	哥哥比我大三岁。 我比他高两厘米。		
三37	【比字句】更		A+比+B+更/更加/还/还要+形容词
	校园比以前更美了。 爸爸很高，叔叔比爸爸还高。 今天比昨天还要冷一点儿。		
三38	【比字句】动2		A+比+B+早/晚/先/多/少+动词
	我比他早来了。 他比我多吃了5个饺子。 班长比大家先到了一会儿。		
三39	【比字句】否定3		A+不如+B，A+不如+B+形容词，A+不如+B+动词+得+形容词，A+动词+得+不如+B+形容词，A+动词+得+不如+B
	我不如你。 哥哥不如弟弟聪明。 我不如他游得快。 我游得不如他快。 我游得不如他。		

三 40	【比字句】否定 4	不 / 没有 + 比
	你要相信自己，你不比别人差。 没有比生命更宝贵的了。	
三 41	【比字句】可能	比 + 得了 / 不了 / 得上 / 不上 / 得过 / 不过
	我比不上你。 谁都比不了我爸爸。 你再努力一些，一定比得过他。	
三 42	【是字句】说明 2	说得更具体
	我的梦想是当一名科学家。 我做了一个小实验，是把蚂蚁放进水里，看它会不会游泳。	
三 43	【是字句】X 是	常见组合：真的是、真是、很是、实在是、简直是、尤其是、特别是
	这个辣椒真的是太辣了。 老师听了很是感动。 简直是不敢相信。	
三 44	【是字句】的是	的 + 是
	他画的是一只小鸡。 最疼爱我的是外婆。 可惜的是我没去成。	
三 45	【是……的】强调 2	焦点：工具、材料、依据、对象、原因、顺序 多焦点
	这些字是用毛笔写的。 杯子是用玻璃做成的。 我是按照书上的步骤做的。 这肉是给狐狸吃的。 我第一次掉牙是刷牙刷掉的。 他是第一个知道的。 我的遥控车是我过生日的时候爸爸送给我的。	
三 46	【是……的】表达观点事实 1	
	形容词 / 形容词短语 / 心理动词 / 心理动词短语： 　秋天是美丽的。 　诚实是最重要的。 　他是很害怕的。 **动词 + 可能补语，动词 + 可能补语 + 宾语：** 　妈妈的爱是说不完的。 　你是赢不了我的。 **助动词 + 动词 / 动词短语：** 　这是必须完成的。 　哭是不能解决问题的。 **有 / 没 / 没有 + 名词：** 　大树是有生命的。 　这样做是没礼貌的。 **主谓短语：** 　那个阿姨是我认识的。 　这个结果是大家想要的。	

三 47	【有字句】估量、比较	
	机器有好几吨重。 这个叔叔有1米8多。 这条鱼有我巴掌这么大。	
三 48	【有字句】抽象宾语	有＋抽象宾语
	这么做很有意义。 爸爸对我有很大的影响。	
三 49	【双宾句】主谓短语	直接宾语为主谓短语
	狐狸骗大家葡萄是酸的。 姐姐告诉我雨下得很大。	
三 50	【连动句】事理逻辑	方式、目的、因果、假设、转折等
	动1为动2的方式： 　我们排着整齐的队伍来到了操场。 　他坐在沙发上看书。 动2为动1的目的： 　他去公园画画。 　朋友飞来北京看我。 动1和动2构成因果、假设、转折等关系： 　我一直写作业忘了吃饭。 　天气冷，出门多穿衣服。 　吃了饭忘了付钱。	
三 51	【连动句】有	动1：有/没/没有＋名词
	我们终于有机会见面了。 他没办法拿出这么多钱。	
三 52	【兼语句】2	致使、协同
	这件事使我明白了一个道理。 爸爸经常陪我打乒乓球。	

四、句类

三 53	【反问句】是非问形式	
	你不是去过吗？ 老师说明天放假，你没听见吗？ 还想买这么贵的手机，你有钱吗？	
三 54	【反问句】特指问形式	
	哭什么？别哭了。 这个动作难什么？一点儿也不难。 谁说我笨？ 你怎么能这么说呢？ 他哪里知道？你别相信他。	

五、复句

三 55	【并列】3	
	不是……，是…… 葡萄不是酸的，是甜的。 不是……，而是…… 他不是笨，而是不努力。 不再……，而是…… 从此，这个大哥哥不再欺负小朋友了，而是经常帮助他们了。 一面……，一面…… 她一面听音乐，一面洗衣服。	
三 56	【承接】2	
	关联词语：首先、于是、便、接着 首先把衣服放进洗衣机，然后加入洗衣液。 爸爸说吃饱了才有劲儿爬山，于是我吃了一大碗米饭。 我给小狗倒了一杯牛奶，它便摇着尾巴跑了过来。 买完菜，接着回家做饭。	
三 57	【递进】2	
	不但/不仅/不只/不光……，而且/还/也…… 这道题太难了，不但我不会做，爸爸也不会做。 不只孩子喜欢看，大人也喜欢。 我不仅感冒了，而且挺厉害。 老师不光教我们知识，还教我们如何做人。 关联词语：再说 这个不好吃，我不吃，再说我也不饿。 今天爸爸有点儿忙，不带你出去玩儿了，再说天气也不是很好。	
三 58	【选择】1	
	关联词语：或、或者、要不、要不然 我想和你见个面，或在网上聊聊天儿。 或者走路，或者骑车，都可以。 红的没有了，要不你拿个黄的吧。 这里人太多了，要不然咱们去别的地方玩儿吧。	
三 59	【因果】2	
	既然……，就…… 既然你这么想参加，就报名吧。 既然会堵车，咱们别开车了。 关联词语：结果、由于 这次考试我没好好复习，结果考得很差。 他出门晚了，结果没赶上飞机。 由于考试没考好，他这几天一直不开心。	

三 60	【转折】1		
	虽然……，但是/但/可是/可/不过/却……		
	虽然累，但很开心。		
	虽然气温很低，不过他不觉得冷。		
	他会开车，却不经常开。		
	关联词语：就是		
	他很聪明，就是有点儿懒。		
三 61	【假设】2		
	关联词语：要、万一、要不是、要不然、要不、不然		
	你要喜欢，就买吧。		
	你把钥匙放好，万一丢了就麻烦了。		
	要不是你起床晚了，怎么会迟到呢？		
	不要相信他，要不然你会上当的。		
	你多写几遍，要不很快就忘了。		
	你多穿点儿，不然会冻坏的。		
三 62	【条件】1		
	只要……，就……		
	只要明天不下雨，咱们就去爬山。		
	只要你喜欢，我就给你买。		
	只有……，才……		
	只有坚持，才能成功。		
	只有今晚休息好，明天才会有精神。		
三 63	【目的】1		
	关联词语：为了、是为了		
	为了得冠军，他每天都刻苦训练。		
	他每天走路回家，是为了锻炼身体。		

六、散点

三 64	【数的表达】概数 2		
	相邻数：		
	七八个同学		
	五六斤苹果		
	一二十天		
	数词 + 多 + 量词：		
	三十多个		
	五百多名		
	数词 + 量词 + 多：		
	七斤多		
	五块多		

		常用词语：大约、约、左右 　大约五斤重 　约三十人参加 　两百左右	
三	65	【数的表达】时间2	
		八点二十七分五十二秒（8:27:52） 差五分七点（6:55） 六点一刻（6:15） 差一刻九点（8:45）	
三	66	【重叠变形】量词	
		被老师夸了，我们个个都很开心。 树叶飘了下来，像一只只蝴蝶。 老师一遍一遍地讲，我终于明白了。 一个又一个气球飞上了天空。	
三	67	【一V就V】	
		路上堵车，一堵就堵了一个小时。 哥哥很厉害，球一踢就踢进了。	
三	68	【一……就是……】	
		我喜欢看书，一看就是几个小时。 好朋友见面了，有说不完的话，一聊就是一下午。	
三	69	【说V就V】	
		说去就去，我和爸爸拿起钓鱼竿就出门了。 放假了，我要帮妈妈做家务，说干就干。	
三	70	【想V就V】	
		想买就买吧，别犹豫了。 大熊猫想吃就吃，想睡就睡，太幸福了。	
三	71	【连……都……】	连……都/也……
		他连最难的题都做对了。 杯子里连一滴水也没有。	
三	72	【非……不可】	
		不让他玩儿手机，他非玩儿不可。 让别人知道了，非笑话我不可。	
三	73	【拿……没办法】	
		弟弟不好好吃饭，妈妈拿他没办法。 怎么说你都不听，真拿你没办法。	
三	74	【再……也……】	
		不要放弃，再累也要坚持。 再好吃也不能吃太多。	
三	75	【再……就……】	
		再犹豫就买不到了，快买吧。 再不起床就迟到了。	

三 76	【越……越……】	
	雨越下越大。 他越长越高。	
三 77	【A 就 A 吧】	
	忘了就忘了吧，下次记得带来。 贵点儿就贵点儿吧，喜欢就好。	
三 78	【疑问代词复指】	
	想吃什么就点什么。 妈妈去哪儿，我就去哪儿。 谁先跑到上面谁就赢了。 你想吃多少就吃多少。 老师让翻到第几页我们就翻到第几页。 你爱怎么玩儿就怎么玩儿。	
三 79	【疑问代词任指】	
	他哪儿都想去。 我谁也不认识。 她什么都懂。 老师怎么讲他都不明白。	

七、语段

三 80	【共享】中间	共享成分在前面小句的中间
	我看见一只彩色的小鸟站在船头， 　　　　　　多么美丽啊！（三年级上册 15 搭船的鸟） 可是，大象的耳朵眼儿里，经常有小虫子飞进去， 　　　　　　还在里面跳舞， 　　　　　　吵得他又头痛，又心烦。（二年级下册 19 大象的耳朵）	
三 81	【共享】主客体	小句的主体、客体同时被共享
	有一次上图画课，老师把两个杨桃摆在讲桌上，要同学们画。（二年级下册 13 画杨桃） 胡萝卜先生常常为胡子发愁，因为他长着浓密的胡子，必须每天刮。（三年级上册 13 胡萝卜先生的长胡子）	
三 82	【共享】倒置	共享成分在后面小句的开头
	到了学校，已经上课了。 元元红着脸，低着头，坐到了自己的座位上。（一年级下册 16 一分钟） 　　玩腻了， 我又跑到祖父那里乱闹一阵。（五年级下册 2 祖父的园子）	

三83	【共享】推进	
	地球上的第一种恐龙大约出现在两亿四千万年前。 它和狗一般大小， 　两条后腿粗壮有力， 　　　能够支撑起整个身体。（四年级下册6飞向蓝天的恐龙） 有一天， 我起得很早去钓鱼， 　发现草地并不是金色的， 　　而是绿色的。（三年级上册16金色的草地）	

四级语法条目（51）

一、短语

四01	【名词短语】定谓	中心语为谓词性的定中短语
	春天的到来 他的无奈 孩子的不配合	
四02	【名词短语】"所"	"所"字短语
	所学 所剩	

二、句法成分

四03	【介词宾语】动词性	介词宾语为动词、动词短语
	关于节约 对提高教学质量	
四04	【介词宾语】形容词性	介词宾语为形容词、形容词短语
	对美 根据胖瘦	
四05	【介词宾语】主谓短语	介词宾语为主谓短语
	关于垃圾分类 根据身材胖瘦	
四06	【定语】动词性2	定语为动词、动词短语（无"的"）
	奖励办法 追赶画面	
四07	【定语】复句	定语为复句形式
	你能看见他，他看不见你的地方 人见人爱，人见人夸的孩子	
四08	【状语】多项	状语为多项
	不停地向大家挥手 近年来一直勤勤恳恳地付出	

四09	【补语】可能3	补语表示可能
	否定：动词 + 不得 　这个有毒，吃不得。 　这笔钱是留着给你上大学用的，现在花不得。	
四10	【补语】情态2	补语表示情态，动词和补语之间用"个"
	笑个不停 　说个痛快	
四11	【补语】程度2	补语表示程度
	好得很 　累得慌 　高兴得不得了 　冷得厉害 　热得不行	

三、特殊句式

四12	【把字句】动	把 +……+ 动词（动词含结果义）
	把对手击败。 　如果洪水把庄稼淹没，就麻烦了。	
四13	【把字句】动个	把 +……+ 动词 + 情态补语2
	把石头炸个粉碎。 　把小姑娘打扮个漂漂亮亮。	
四14	【把字句】加以进行	把 +……+ 加以 + 动词，把 +……+ 进行 + 动词
	把学生的作文加以修改，投到报社。 　把蔬菜进行加工。	
四15	【被字句】动个	被 + 动词 + 情态补语2，被 +……+ 动词 + 情态补语2
	他被绊了个四脚朝天。 　蚊子被我逮个正着。	
四16	【被字句】动宾2	被 + 动词 + 动词性宾语，被 +……+ 动词 + 动词性宾语
	他做那件事被认为是犯傻。 　这道题我一粗心做错了，被老师要求重做。	
四17	【被字句】动宾3	被 + 动词 + 主谓短语，被 +……+ 动词 + 主谓短语
	大门关着，被错以为家里没人。 　被妹妹发现了那个圣诞老人是爸爸。	
四18	【被字句】所	被 +……+ 所字短语
	我被眼前的景色所吸引。 　他被这件小事所感动。	
四19	【被字句】给	被 +……+ 给 + 动词
	手机被爸爸给没收了。 　叶子被风给吹了起来。	

四 20	【比字句】动 3	A+ 比 +B+ 动词
	心理动词： 　我比你更加怀念过去。 　我比别人更了解他。 **变化动词：** 　工作态度比以前改进了。 　气温比前几天下降了一些。 **助动词：** 　他比我能讲。 　我比他会吃。 **有 + 名词：** 　这个比那个有营养。 　你比他有能力。	
四 21	【是字句】说明 3	说明原因、目的、方式、依据、施事等
	可能是运气太差了，他们半天都没有找到食物。 我是想考考你。 大家是通过投票，来选班长。 这本书是按照时间顺序，来写他们发生的故事。 是一位男老师教我们。	
四 22	【是字句】肯定	"是"重读，肯定其后所说
	他是聪明，一说就会。 天气是冷，大街上没多少人。	
四 23	【是字句】得是	得 + 是
	她听得是那样陶醉。 老黄牛老得是不能再老了。	
四 24	【是……的】强调 3	焦点：条件
	我都是写完作业才看电视的。 他是不管谁教都教不会的。	
四 25	【是……的】表达观点事实 2	
	动词： 　这一页的字体是放大的。 　它的叶子是垂着的。 **成语：** 　父母对我的爱是无微不至的。 　这种感觉是妙不可言的。	
四 26	【有字句】动有	动词 + 有
	爷爷患有严重的心脏病。 瓶子里装有矿泉水。	
四 27	【存现句】存在 3	不出现动词
	操场上很多人。 桌子上一层厚厚的灰尘。	

四、句类

四28	【反问句】正反问形式	
	这么吵，还让不让人休息了？ 你说他本事大不大？一个人干了三个人的活。	
四29	【反问句】选择问形式	
	这点儿钱，是够吃一顿饭的还是够看一场电影的？ 你总是不听我的，我是哥哥还是你是哥哥？	

五、复句

四30	【并列】4	
	一方面……，（另）一方面…… 　他一方面能力强，一方面运气好，很快就找到工作了。 　一方面要好好学习，另一方面也要好好锻炼身体。	
四31	【承接】3	
	关联词语：其次、再次 　首先，锅里放上油；其次，放入切好的菜，炒熟；再次，加盐，出锅。	
四32	【递进】3	
	关联词语：甚至、并且、从而、反而 　我知道错了，不敢看老师，甚至不敢抬头。 　我学会了游泳，并且学会了不止一种姿势。 　他得到了全班同学的支持，从而顺利当选。 　我承认了窗户是我打破的，老师不但没有批评我，反而表扬我诚实。	
四33	【选择】2	
	不是……，就是…… 　每次拔河比赛，我们班不是第一，就是第二。 　不是你去，就是我去。 要么……，要么…… 　中午要么吃米饭，要么吃面条。 　这道题要么选A，要么选B。 与其……，不如…… 　与其等车等半小时，不如走路去。 　与其坐在屋里发呆，不如出去走走。 宁可/宁肯/宁愿……，也…… 　爸爸宁可少挣点儿钱，也不愿意天天加班。 　他宁愿挨骂，也要说出实话。 关联词语：或是 　我想帮助他，或是安慰他一下。 　或是坐飞机，或是坐高铁，都很方便。	

四34	【因果】3	
	之所以……，是因为…… 　　这座桥之所以叫"十七孔桥"，是因为它有十七个桥洞。 　　爸爸妈妈之所以对你要求很严，是因为对你期望很高。 **关联词语：因、因此、因而、可见** 　　因天气原因，航班临时取消了。 　　爷爷牙不好，因此不能吃太硬的食物。 　　登山过程中遇到了暴风雪，他因而迷了路。 　　屋内的家具都积了一层尘土，可见长时间没人住了。	
四35	【转折】2	
	虽/虽说……，但是/但/可是/可/不过/却…… 　　他虽努力，但成绩一般。 　　天气虽说很好，我的心情却不太好。 **关联词语：尽管、而、然而** 　　尽管现在有钱了，也不能乱花。 　　哥哥很喜欢，而弟弟却不喜欢。 　　我送他一个礼物，以为他会喜欢，然而他没什么反应。	
四36	【条件】2	
	无论/不论/不管……，都/也…… 　　无论你的决定是什么，我都会支持你的。 　　不论老师怎么讲，他都不明白。 　　不管你是谁，也要遵守规定。 凡是……，都…… 　　凡是本校学生，都可以报名参加。 **关联词语：除非** 　　我不会原谅你的，除非你认错。	
四37	【让步】	
	即使/就是/就算……，也/都…… 　　即使你知道密码，也无法打开。 　　就是下大雨，也要出门。 　　就算你插上翅膀，都赶不上了。 **关联词语：哪怕** 　　哪怕只有一线希望，也要试一试。 　　一定要完成任务，哪怕再苦再累。	
四38	【目的】2	
	关联词语：为的是 　　他最近经常跑步，为的是能变瘦点儿。 　　爸爸经常加班，为的是多挣点儿钱。	
四39	【多重】	
	他很早就出门了，可还是迟到了，因为路上堵车。 如果我有钱了，我就先买一辆车，然后去各地旅游。	

六、散点

四40	【数的表达】概数3	
	成/上/数/近+百/千/万： 　成百人 　上千名学生 　数万名游客 　近千人 数词+来： 　十来个人 　五十来块 　二十来天 常用词语：上下、以上、以下 　四十上下 　90分以上 　0℃以下	
四41	【数的表达】倍数、分数、小数	
	他比我快三倍。 是原来的两倍。 三分之二（2/3） 百分之六十（60%） 三点五（3.5）	
四42	【V都不V】	都不/都没/也不/也没
	衣服她试都不试一下，就买了。 她拿出一个苹果，洗都没洗就吃了一口。 新买的书他看也不看，就丢在了一边。 他想也没想就答应了。	
四43	【不……也……】	
	我坐第一排，不戴眼镜也能看清黑板。 你不说我也知道。	
四44	【再……不过】	
	我对这里再熟悉不过了。 这是再好不过的选择了。	
四45	【A是A】	
	这件衣服好看是好看，就是太贵了。 看是看清楚了，就是不认识。	
四46	【A是A，B是B】	A是A，B是B；A归A，B归B
	你是你，我是我，咱们分清楚。 说归说，做归做，做比说难。	

四 47	【双重否定】	
	我不是不帮你，实在是没办法。 这件事很重要，你不是不知道。 这首歌很流行，没有不会唱的。	
四 48	【倒装句】	
	吃完了我。 先去吧你们。	
四 49	【紧缩句】	
	你不去我去。 孩子没事就放心了。	

七、语段

四 50	【共享】汇合	
	（1）前面各小句汇总到后面的小句 　一身乌黑的羽毛， 　一对轻快有力的翅膀， 　加上剪刀似的尾巴， 　　　　　　凑成了那样可爱的活泼的小燕子。（三年级下册2燕子） （2）共享成分在后面小句的末尾 　后来，我就和阿成哥到小溪里采了一些水草， 　　　　　　　　捡了些石块　放在缸里。（三年级下册15小虾）	
四 51	【共享】折返	
	小猴子抱着一个大西瓜往回走。 走着走着，他看见一只小兔子蹦蹦跳跳的， 　　　　　　　　真可爱， 　　就扔了西瓜， 　　去追小兔子。（一年级下册18小猴子下山） 中秋的夜里，我们在院子里盼着月亮， 　　　　　　　　好久却不见出来， 　　便坐回中堂里， 　　放了竹窗帘儿闷着， 　　缠着奶奶说故事。（五年级上册24月迹）	

图书在版编目(CIP)数据

华文水平测试语法大纲/暨南大学华文学院,暨南大学华文考试院编.—北京:商务印书馆,2022
ISBN 978-7-100-21801-6

Ⅰ.①华… Ⅱ.①暨…②暨… Ⅲ.①汉语—语法—对外汉语教学—水平考试—自学参考资料 Ⅳ.①H195.4

中国版本图书馆 CIP 数据核字(2022)第 200060 号

权利保留,侵权必究。

华文水平测试语法大纲
暨南大学华文学院　暨南大学华文考试院　编

商 务 印 书 馆 出 版
(北京王府井大街36号　邮政编码100710)
商 务 印 书 馆 发 行
北京虎彩文化传播有限公司印刷
ISBN 978-7-100-21801-6

2022年12月第1版　　开本 880×1230　1/16
2022年12月北京第1次印刷　印张 5½
定价:68.00元